ARCHIVES

DE LA FAMILLE

DE BONNAULT

Cest icy lecteurs un livre de bonne foy.
MONTAIGNE.

ABBEVILLE
IMPRIMERIE C. PAILLART
24, RUE DE L'HÔTEL-DE-VILLE, 24

1882

ARCHIVES

DE LA FAMILLE

DE BONNAULT

ARCHIVES

DE LA FAMILLE

DE BONNAULT

~~~~~~~~~~

C'est icy lecteurs un livre de bonne foy.
MONTAIGNE.

ABBEVILLE

IMPRIMERIE C. PAILLART

24, RUE DE L'HÔTEL-DE-VILLE, 24

—

1882

A LA MÉMOIRE

DE MON PÈRE

PRÉFACE

———

Dépositaire, en qualité d'aîné, de la plus grande partie des papiers de famille, l'idée m'est venue de les publier, non dans une pensée d'amour-propre, mais dans l'espoir de les soustraire plus facilement à la destruction qui, chaque jour, les menace. De plus, ce procédé m'a paru le meilleur pour reproduire ces titres, et en donner un exemplaire à chacun des membres de la famille, avec l'espoir qu'il servira à resserrer les liens qui nous unissent. Mes enfants et mes autres parents y trouveront, j'espère, un encouragement à bien faire et à marcher sur les traces de nos pères qui furent toujours dévoués à leur Dieu et à leur pays. Tous les titres que je publie sont, en originaux, entre mes mains, ils vont de 1376 jusqu'à nos jours, et servent, pour chacun de

nos ancêtres, à établir non-seulement sa filiation, mais encore souvent la position qu'il occu-
pait dans la société de l'époque. A partir de
1550, je possède, en outre, une série non in-
terrompue de contrats de mariage, qui va de
Guillaume de Bonnault jusqu'à la génération
actuelle; ces contrats nous donnent non-seulement la filiation, mais encore les noms des
nombreux parents qui prennent part à ces
actes. La famille de Bonnault, originaire du
centre de la France, et fixée dans ce château
de Méry que lui avait apporté Catherine de
Reuilly, en 1515, y vécut plusieurs siècles, à
tel point que M. de Bengy, dans son ouvrage
sur les châteaux du Berry, cite la terre de
Méry comme une de celles qui sont restées le
plus longtemps dans la même famille. En 1850,
elle a été vendue à M. Pineau, ainsi que le
domaine de la Fontaine, souvent cité dans les
papiers que je possède.

J'ai tenu à aller visiter ce vieux manoir de
Méry, situé à la porte de Vierzon; je l'ai
trouvé tel qu'il est décrit dans la saisie de
1661. Les tours subsistent encore, et tout in-
dique que rien n'a été changé dans son aspect;
les fossés, le pontlevis et le mur d'enceinte ont
seuls disparu.

Quant au château de la Forêt, qui apparte-
nait aussi à la famille de Bonnault, et qui
n'est distant de celui de Méry que d'environ
deux cents mètres, il a été rebâti il y a quelques années. Il appartient à M. Jouslin, qui
en est devenu propriétaire par suite d'une
alliance avec les Francière, à qui Marie de
Bonnault l'avait apporté peu avant la Révolution. Le fief de Laume n'est qu'une métairie
dépendant de Méry; quant au fief de la Bruere,
dont il sera plusieurs fois question, il se trouve
sur la route qui va à Vierzon, et appartient à
M. Chavannes, qui y possède une villa, dans
une charmante position.

Depuis Jean-le-Bon jusqu'à Louis XIII, la
famille de Bonnault occupa des positions éle-
vées dans l'Etat; à partir de ce dernier roi,
ses membres, vivant loin de la cour et des
faveurs royales, demeurèrent dans leurs terres,
comme la plupart des nobles de province, servant dans les armées de nos rois, sans jamais
marchander leur sang pour la défense du pays.

Onze membres de la famille de Bonnault
prirent part au vote des Etats généraux; le
chef de la seule branche qui existe actuellement était alors Joseph de Bonnault, vicomte
de Villemenard, seigneur d'Houët, qui fut dé-

puté de la noblesse aux Etats provinciaux, puis maire de Bourges sous l'Empire, qui le créa baron. La Restauration le conserva comme maire de cette ville, et le nomma président du Conseil général du Cher. C'est à lui que se termine cette étude, ne voulant pas publier les documents de l'époque contemporaine, qui ne sont pas nécessaires pour établir une filiation, qu'il me suffira d'énoncer, sans apporter de preuves à l'appui.

LÉON Vicomte DE BONNAULT.

Abbeville, 19 mars 1882.

ARCHIVES

DE LA FAMILLE

DE BONNAULT

Avant de passer aux titres que je possède, je citerai deux documents qui se trouvent dans les archives du Cher, et qui s'appliquent probablement à la famille; il y a du moins une présomption grave, la similitude de nom et cela dans le même pays. Cette similitude a d'autant plus d'importance, que le nom de Bonnault n'est pas un nom de terre, le nom d'un village qui aurait pu être porté par plusieurs personnes originaires ou seigneurs de ce village, c'est un nom patronimique.

Voici ces deux documents :

1º Archives du Cher, fonds du chapitre Saint-Ursin de Bourges, 3ᵉ liasse, nº 1.

Un titre en parchemin dont l'écriture est du XIIIᵉ siècle, mais qui n'est pas daté; il est facile d'y suppléer, nous y voyons figurer comme doyen du chapitre Bernard de Cucy, qui occupa cette fonction de 1283 à 1290. Cette pièce est donc de la fin du XIIIᵉ siècle. Nous y lisons : « Ci sunt li cens des vignes et des terres Monseignor Seint Estiene, ce est a savoir Jefroy de Villemenart x deniers parisis de sa vigne du pue Seint Estiene. Andres de Bonault 11 deniers parisis de la vigne qui fut on pue (le puits) Seint Estiene. (Patron de la cathédrale de Bourges.) » Sur le dos, cette pièce porte ; Rôle des cens dus au chapitre de l'église de Bourges.

2° Fonds du chapitre de Saint-Etienne, liasse 213, affaires diverses, nomination d'un archevêque.

Titre original en latin, sur parchemin, du 27 octobre 1482, il s'agit de la consécration de Pierre Cadoet comme archevêque de Bourges.

Voici l'acte : Presentibus ..... Guillermo Bonneau canonico prebendato ecclesiæ secularis et collegiatæ beatæ mariæ medii monasterii Bituricensis etc. Acta fuerunt hæc in ecclesia fratrum minorum turronensium (la date précitée).

La nomination de Pierre Cadoet comme archevêque de Bourges, donna lieu à de graves débats, comme le raconte Thomas de la Thaumassière, dans son histoire du Berry. Nous lisons dans une pièce de procédure formant un cahier de 71 pages in-folio : consecration de Pierre Cadoet, comme archevêque de Bourges, acte dressé par Nicole Bernard, notaire apostolique de la cour métropolitaine et primaciale de l'église de Bourges, en présence de ..... Guillaume Bonneau, maistre es ars, chanoyne de l'église collégiale de notre dame de Moustier, moyen de Bourges. (Fonds du chapitre Saint-Etienne, liasse 220).

Premier degré. — GUILLAUME DE BONNAULT, chevalier, est le premier dont fassent mention les papiers
de famille. Dans cette pièce, dont je n'ai qu'une copie
notariée, l'original se trouvant à Bourges, entre les
mains de mon cousin, M. Antoine de Bonnault-Villemenard, Guillaume reçoit, en 1376, un don de 130
francs d'or de Jean, fils du roi de France et duc de
Berry. Voici la pièce copiée textuellement :

« Jehan filz du roy de France duc de Berry et Dau-
vergne comte de Poictou a nostre ame et feal tresorier
Jehan Frecinet salut et dilection. Nouz voulonz et
vous mandons que vous paiez baillez et delivrez a
nostre chier et feal Messire Guillaume de Bonnault,
chevalier, la somme de cent trente francs dor, lesquels
nous avons donnez et donnons par ces présentes en
consideracion de ses bons et agréables services, et par
rapportant ces presentes et quittances sur ce du dict
chevalier. Nous voulons la dicte somme de cent trente
francs dor estre alloée en noz comptes et rabatue de
vostre recepte par nos amez et feaulx gens de noz
comptes nonobstant touttez ordonnancez mandemenz
ou defenses a ce contraires. Donne en nostre chastel
de Liseguem soubz nostre scel, le XIII jour de juillet
lan de grace mil trois cent soixante et treize.

« Par Monseigneur le duc nouz present.

« BEGUIN. »

Descendant Jehan qui suit.

Deuxième degré. — JEHAN DE BONNAULT, premier du nom, écuyer échanson du roi, reçoit en cette qualité, le dernier jour de janvier 1414, une assignation sur les aides. Voici la copie de cette pièce très-bien conservée :

« Les generaulx conseillers sur le fait des aides, ordonnez pour la guerre, ont fait recevoir par Jehan Gautier receveur general des dis aides, de Denis Dupuis receveur diceulx aides, à Gisors, sur ce qu'il peut et pourra devoir a cause de sa dite recepte, et dont le dit Jehan Gautier en a pour ce baille sa cedule au contrerolleur, et en ceste mis son signet, la somme de trente trois livres six sols huit deniers tournois par Jehan de Bonnault escuier, eschancon du roy nostre dit seigneur. Escript à Paris le dernier jour de janvier lan mil cccc et quatorze.

« GAUTIER. — J. DE LAIGNY. »

D'après d'Auriac, généalogie des Bonnault, il fit don en mars 1424, aux religieux de Saint-Germain-l'Auxerrois, d'un calice et de trois écus d'or, à la charge de dire, le jour de la fête de saint Antoine, une messe anniversaire pour le repos de l'âme de sa femme, Isabelle de Belligny. Voir d'Auriac que je ne cite que pour mémoire n'ayant pu vérifier son exactitude. Pour tous les titres que je cite, lorsque je ne donne pas la source, c'est que l'original est entre mes mains.

Descendant Jehan qui suit.

Troisième degré. — JEHAN DE BONNAULT, deuxième
du nom, fut gouverneur de la grosse tour de Vierzon,
comme nous le voyons d'après l'acte de nomination de
son fils appelé à lui succéder, titre reproduit en entier
à l'article suivant.

D'après d'Auriac, il serait qualifié de capitaine dans
les comptes royaux de 1435 ; il serait resté fidèle à
Charles VII, et aurait accompagné ce prince lorsqu'il
fut sacré à Rheims. (Généalogie des Bonnault, par
d'Auriac.)

Une vieille légende qui existe dans la famille veut,
en effet, que le roi ait accordé à Jehan, en souvenir du
sacre, le dauphin couronné qui figure dans les armes
de la famille de Bonnault.

Descendant Guillaume.

Quatrième degré. — GUILLAUME DE BONNAULT,
deuxième du nom, chevalier, seigneur de Saint-
Georges, fut nommé par le roi Louis XI gouverneur
de la grosse tour de Vierzon, en remplaçant de son
père, comme le prouve l'acte suivant admirablement
conservé :

« A tous ceulx qui ces presentes lettres verront, le
bailli de Bloys salut. Savoir faisons que par Pierre
Grenasie clerc, notaire et tabellion jure du scel royal

estably aux contractz des baillage et chastellenie de
Bloys, ont esté veues, tenues leues et dilligement
regardées de mot a mot a la requeste de Jehan de Bonnault escuier seigneur de Mery, unes lettres patentes
du feu roy Louis unziesme, que Dieu absoille, scellées
de son grand scel escriptes en parchemin seines et
entières en seing, scel, escriptures, des quelles la teneur s'en suict : Loys par la grace de Dieu, roy de
France a tous ceulx qui ces presentes lettres verront,
salut. Savoir faisons que pour consideration des bons
et agreables services que nostre ame et feal Guillaume
de Bonnault chevalier seigneur de Saint Georges, nous
a par ci devant faiz, fait et continue par chacun jour,
et esperons que plus face cy après, confiant à plein
de ses sens, vaillance, loyaulté, preudommie et bonne
diligence, a icellui pour ces causes et autres à ce nous
mouvans, avons donne et octroye, donnons et oc-
troyons de grace especiale et par ces presentes l'office
de cappitaine de notre chastel de Vierson, que soulait
tenir et exercer par cidevant deffunct Jehan de Bonnault son pere, aux honneurs prerogatives préhéminences libertez franchises gages drois prouffiz revenus et emolumens accoustumez et qui y appartiennent,
tant qu'il nous plaira. Si donnons en mandement par
ces mesmes presentes a nostre ame et feal chancellier
que prins et recu du dit de Bonnault le serment en tel
cas accoustume icellui mecte et institue ou face de par
nous mectre et instituer en possession et saisine du
dit office et dicellui ensemble des honneurs prerogatives préhéminences libertez franchises gaiges drois

prouffiz revenus et emolumens dessus diz le face souffre et laissè joyr et user paisiblement et a luy obeyr et entendre de tous ceulx, et ainsi qu'il appartiendra es choses touchans et regardans le dit office ote et débouïte dicelluy tout autre illicite detenteur non ayant sur ce non lettres de don depuis le trepas du dit feu Jehan de Bonnault precedent en date ces dites presentes. Mandons en oultre a nos ames et feaulx les tresoriers de France etc. et par rapportant ces dites lettres etc. nous voulons etc. car tel est etc. Donné au pont de See au mois de juillet, l'an de grace mil quatre cens soixante et dix. Ainsi signé par le roi, Flameng st scellé de cire jaulne sur queue simple. — En tesmoing de ce, nous bailly de Bloys dessus dis, à la feal relation du dit juré, et à la requeste du dit Jehan de 'Bonnault, avons faict mectre et apposer le scel royal dessus dit à ces presentes lettres de vidimus, faictes et collationnées en presence d'Estienne Munet procureur en cour laye à Bloys, et Francois Chaudun, clerc tesmoings à ce requis, et appelez par le dit juré, le seiziesme jour d'avril l'an mil cinq cens et treize, après Paques.

« GRENASIE.   Collation faicte. »

NOTA. Cette pièce sur parchemin est d'une conservation parfaite, le sceau est intact.

Descendants Jehan qui suit, et d'après une vieille généalogie sans date, François qui périt sans postérité dans les guerres d'Italie. Peut être fut il aussi le père de Guillaume, que j'ai cité plus haut, et qui fut en 1482 chanoine de l'églige collégiale de N.-D. de Monter-

moyen à Bourges, et fut témoin au sacre de l'archevêque Cadoet.

Cinquième degré. — JEHAN DE BONNAULT, troisième du nom, écuyer, seigneur de Mery-sur-Cher,
valet de chambre ordinaire des rois Charles VIII,
Louis XII et François Iᵉʳ, épousa en 1515 (1), Catherine
de Reuilly, fille de Jehan de Reuilly et de damoiselle
Guimon Couvreur. Jehan obtint le vidimus délivré par
le bailli de Blois, relatant la nomination par Louis XI
de son père comme gouverneur de Vierzon.

Avant de passer aux titres que je possède et qui
concernent Jehan de Bonnault, voyons ceux qui regardent la famille de Catherine de Reuilly, sa femme :

1º Acte d'annoblissement en latin et sur parchemin
avec le grand sceau de France, le tout d'une conservation parfaite. Cette pièce du mois d'avril 1399
est à Bourges, entre les mains de mon cousin M. Antoine de Bonnault Villemard. Les archives nationales
contiennent sur les Reuilly la pièce suivante qui
relate la haute position qu'ils occupaient près du duc
de Berry.

A Jehan de Reuilly, secreta're et maistre de la
chambre aux deniers de mon dit Seigneur et nagaire

---

(1) Cette date de 1515, je la donne d'après une vieille généalogie ;
mais le mariage a dû être antérieur puisque Jehan est déjà qualifié
seigneur de Méry dans le vidimus de 1513, cité à l'article de son
père.

controleur de la despense de l'ostel de Madame la duchesse de Berry — 300 livres tournois, 1397.

Dans le compte de l'année suivante nous lisons : debtes rendues par Me Jehan de Reuilly pour tout le temps qu'il a este maistre de la chambre aux deniers de Monseigneur le duc de Berry, c'es assavoir depuis le premier jour de novembre MCCCIIII^{xx} et XVII jusques au dernier jour de septembre IIII^{xx} et XVIII, qu'il fu deschargé dudit office, et retenu tresorier general de mon dit seigneur.

Ce compte de l'ostel de Monseigneur Jehan fils de roy de France duc de Berry d'Auvergne, etc., se trouve aux archives nationales registre KK n. 253.

2° Acquisition de diverses propriétés sur Méry, en voici le résumé : *

Acte passé devant Jehan Boiritier clerc et garde scel de la prevoté de Bourges, en présence de Jehan Bœuf le Sure, par le quel, noble homme Huet le Ray, escuier seigneur du Liot, tant en son propre nom qu'au nom de Philippe de la Broce sa femme, fille de feu Messire Pierre de la Broce, jadis chevalier, vend à vénérable et circonspecte personne, Guillaume de Reuilly, conseiller de très excellent prince Mgr le duc de Berry et d'Auvergne, comte de Poitou, d'Estampes et de Boulogne, et chanoine de Bourges, pour cinq cents écus d'or à la couronne du roi Charles notre sire, les heritages, possessions, hommes et femmes serfs, et les revenus dont après sera faite mention. Premièrement, une dime de biens avec tous les cens accordables et accoutumés d'argent et de

poulailles, portants les rentes que la dite Philippe et le
dit Huet son mari ont et peuvent avoir en la paroisse
de Mery sur Cher, par le moyen et à cause du feu
Pierre de la Broce, et qui sont dus chacun an à la
fête de St Brisson. Secondement le terriage que le dit
Huet et sa femme possèdent dans la paroisse de Terlay
au village de Bruères, etc.

Donné à Bourges le jeudi après la conception notre
dame, dixième jour du mois de decembre l'an de
grace mil quatre cent cinq.

Signé LOUIS.

3° Autre titre d'acquisition faite sur Méry, par
Guillaume de Reuilly, frère de Jehan, en voici le
résumé :

A tous ceux qui ces présentes lettres verront, Jehan
de Reuilly, garde du scel de la comté de Vierzon
salut en notre seigneur. comme honorable et discrete
personne, Guillaume de Reuilly, chanoine de l'église
de Bourges, conseiller de Monseigneur le duc de
Berry, baille par échange perpetuel à Marguerite de
Beauquaire, jadis femme de feu Jehan des Barres,
comme ayant le bail et l'administration de Jehan des
Barres, son fils, et de Isabeau, Catherine et Jehan-
nette, sœurs du dit Jehan des Barres, enfans de feu
Jehan des Barres, et de la dite Marguerite, deux
arpens de vigne sis au vignoble de Vierzon au clos
des...... Le dit Guillaume de Reuilly en recompen-
sation recoit une dime de blé avec l'charnaige et lai-
nage, située en la paroisse de Mery sur Cher. Suit
une longue enumeration de terres, cens vendus avec

un homme de condition serve appelé Jehan Chatel.
De plus Guillaume de Reuilly paie 300 écus d'or.

Fait et donné à Mery sur Cher, le samedi vingt
sixieme jour de février, l'an de grace mil quatre cent
six à l'heure de nonne ou environ.

HUAULT.

4° Un terrier de fief de la Bruère du 1er mai 1469 ;
nous y lisons que ce fief relevait du château de Méry.

5° Aveu et dénombrement rendu en 1512 à Guillaume de Reuilly et damoiselle Guimon de Reuilly,
veuve de Jehan de Reuilly, (la future belle-mère de
Jehan de Bonnault) par Jehan et Gérard de Bourdessolles pour le fief de la Bruère en voici le résumé :

A tous ceux qui ces présentes lettres verront, Martin Chambellan, licencié es lois, conseiller du roi
notre sire et son procureur général au baillage de
Berry et garde du scel établi aux contrats de la prevoté et ressort de Bourges salut. Savoir faisons que
aujourd'hui seizième jour d'octobre, l'an mil cinq cent
douze, en présence de maitre Pierre Tiercelin et
Guillaume Couru licencies es lois et notaires jurés du
roi notre sire et de par lui établis, commis institués et
ordonnés, les deux des trois, ordinaires, pour la ville
et chatelnie de Vierzon. Nobles personnes Jehan et
Gerard de Bourdessolles, escuyers seigneurs de la
Bruère et de Baguenere ? et leurs appartenances et
dépendances assises en la paroisse de Mery sur Cher,
se sont présentés à noble homme Guillaume de
Reuilly, escuyer, et damoiselle Guimon de Reuilly
veuve de feu noble homme Jehan de Reuilly escuyer

frere du dit Guillaume, pour leur faire la foy et hommage qu'ils sont tenus de faire. C'est à savoir au dit Guillaume en son nom propre, et à la dite veuve, comme mere et ayant le bail et gouvernement noble des enfans du dit feu Jehan de Reuilly. Et dicels seigneurs, et ditte es dits noms, de parts des fiefs mouvants à cause de la Motte d'Azy, dont sont mouvans et tenus en fief les dits Bruere et le dit Baguenere? Et leurs appartenans desquels la tierce partie par indivis est descouverte........ et trepas de feu noble homme Godeffroy de Bourdessoles escuyer, frère des dits Bourdessoles, seigneur en son vivant d'icelle tierce partie par indivis, et du quel ils sont heritiers. Et pour ce ont requis le dit de Reuilly et veuve es dits noms, que leur plaisir fut les recevoir au dit foy et hommage et ils estaient prets de le faire et eux mettre en leur devoir, pour ce aussi payer et composer des droits et devoirs de rachat d'icelle tierce partie, etc.

Les dits jour et an en l'hostel desdits de Reuilly et veuve au dit Vierzon.

P. TIERCELIN. — COURU.

Nous voyons dans un acte de partage du 24 octobre 1537 passé par-devant Guillaume Blanchard, notaire à Vierzon, que Catherine de Reuilly et Guillaume, son frère, seigneur de la Gênetière, règlent la succession de leurs père et mère, la terre de Méry est attribuée à Catherine. La Gênetière s'appela plus tard la Forêt. Les archives du Cher nous fournissent les documents suivants sur les Reuilly.

En 1380, Jehan de Reuilly est clerc sous le scel de Vierzon.

En 1389, Jehan de Reuilly est clerc secrétaire de Monseigneur le duc de Berry et garde du Scel de la court de Vierzon.

Le 8 juillet 1396, Jehan de Reuilly, secrétaire du duc de Berry, partage par moitié avec Jehan de la Châtre, la dîme de blé, lainages et charnages de la paroisse de Marcou. (Archives du Cher, série C, n° 812, folio 81, verso).

Le 22 décembre 1395, Jehan de Reuilly est nommé du chef de sa femme, Jehanne, fille de feu Roland de Brossuelle, pour une vigne qu'il possédait au vignoble de Vierzon, ainsi qu'une maison sise en la ville. (Série C, n° 812, folio 85, verso.)

Le 23 décembre 1393, Guillaume de Reuilly, bourgeois de Vierzon, fils de Guy de Reuilly, est cité à cause du manoir de Bonaigle près Vierzon. (Série C, n° 812, folio 89, verso.)

16 octobre 1462, Jehan de Reuilly rend foi et hommage pour la terre d'Aisy. (Série C, n° 814, folio 38, verso.)

1500. Nobles hommes Jehan et Guillaume de Reuilly tiennent de cens certains droits à Méry. (Série C, n° 815, folio 105.)

Passons aux titres qui regardent Jehan de Bonnault:

1° Le terrier qui fait l'objet du n° 4 ne paraissant pas suffisant à Guillaume de Reuilly et à Jehan de Bonnault, son beau-frère, ils s'adressent au roi pour être autorisés à faire faire un nouveau terrier, ce que

2

sa Majesté leur accorde. Voici l'analyse de cette pièce :

Lettres données à Paris le 4 du mois de novembre de l'an 1529, par les quelles, sur ce qui avait été exposé à Sa Majeste, par Guillaume de Reuilly, Jean de Bonnault aussi ecuyer et Catherine de Reuilly sa femme, que comme proprietaires des fiefs et censives de la Bruere, situés en la paroisse de Mery et mouvans du roi à cause de son Chatel de Vierzon, il leur était du plusieurs sens rentes et droits seigneuriaux dont ils n'avaient point d'autres papiers terriers et enseignemens, qu'un registre qui avait été fait en forme de papier terrier au mois de mai 1469, par Simon Petit, notaire royal au lieu de Vierzon, à la requestre de feu Monsieur Guillaume de Reuilly leur predecesseur ; les autres titres justificatifs des droits ayant été perdus à l'occasion des guerres. Sa Majesté mande au bailly de Vierzon ou son lieutenant, de faire appeler par devant eux, les detenteurs des heritages chargés des droits de cens ou autres envers les dits exposans, à l'effet d'en passer titres nouvels ou reconnaissances, qui seraient enregistrés dans un registre ou papier terrier, par tel notaire qui serait par eux nommé.

Ces lettres signées par le Conseil.

LEFEVRE.

Le sceau perdu.

2° Le 5 juillet 1521, Jehan de Bonnault, ecuyer, valet de chambre du roi, rend hommage à Madame de France, dame de Vierzon, pour la terre de Mery, qui lui était arrivée du chef de sa femme Katherine de Reuilly. (Archives du Cher, série C, n° 813 in-folio, folio 259, verso).

3° Jehan de Bonnault obtient d'Anne de France, dont relevait la terre de Méry, remise du droit de rachat qu'il lui devait pour cette seigneurie, dont il devenait propriétaire du chef de sa femme, en voici le résumé :

Anne de France, duchesse de Bourbonnais et d'Auvergne, comtesse de Clermont, de Foretz, de la Marche et de Gien, vicomtesse de Carlat et de Murat, dame de Béaujollais, d'Annonay, de Combraille, de Roche en Régnier et de Bourbon Lancey ; à nos amez et feaulx les gens de nos comptes, bailli de Vierzon ou son lieutenant, garde et procureur au dit lieu, salut. Savoir vous faisons que en considération des services que Jehan de Bonnault escuyer, Sgr de Mery, varlet de chambre de Monseigneur le Roi, mon dit Seigneur, fait et continue chacun jour du dit état de varlet de chambre du roi, lui avons donné et octroyé par ces présentes le droit de rachat, en quoi il nous est tenu à cause du lieu et terre de Mery, à lui advenu, le mariage faisant, d'entre lui et Catherine de Reuilly. La dite terre tenue et mouvant de nous, à cause de notre seigneurie de Vierzon, à quelque prix que le dit droit puisse monter, jusqu'à la concurrence de cent et au-dessous, et par ce rapportant ces présentes signées de notre main, et reconnaissant, j'en ferai suffisance des dits de Bonnault et sa femme, etc.

Ces lettres sont données à Chantelle le 5 du mois

de juillet de l'an 1521. Elles sont signées Anne de France et plus bas pour Madame la duchesse, de Hertre. Elles sont scellées mais le seau est perdu.

4° Jehan de Bonnault partant pour remplir ses fonctions de valet de chambre près du roi, (ils étaient plusieurs gentilshommes remplissant à tour de rôle ces fonctions près de Sa Majesté), donne procuration à sa femme, pour gérer ses biens pendant son absence. Voici *in extenso* le commencement de cette pièce, la suite n'a pas d'intérêt :

Martin chambellan licencié en lois, conseiller du roi notre sire et de Madame, leur procureur en Berry et garde du scel aux contrats établi à la comté de Vierzon ; par devant Nicolas Lombus, clerc juré, notaire du dit scel, en la Chatelnie de Vierzon, fut comparu noble homme Jehan Bonnauld, escuyer, varlet de chambre et garde robes ordinaire du roi, notre sire, qui pour ce que il part au service du dit roi, donne procuration à honnette femme, Catherine de Reuilly, sa femme, de vendre engager et acheter tous les héritages que la dite Catherine voudra etc. (Le reste n'a aucun intérêt.)

Fait â Vierzon le penultieme jour de juin, l'an mil cinq cent vingt-quatre.

Signé L<small>OMBUS</small>.

5° Jehan de Bonnault étant mort, sa veuve obtient des lettres de sauvegarde délivrées par le roi Charles IX :

Charles par la grace de Dieu, roy de France, à notre premier huissier, ou auctre notre sergent, sur ce requis, salut. A la supplication de notre chere et bien aimée Catherine de Reuilly, veuve de defunct cher et bien aimé Jehan de Bonnault escuyer seigneur de Mery en son vivant, mort varlet de chambre ordinaire, et estant à cause de ce, en nostre protection et sauvegarde spéciale et la quelle dabondant avec sa famille, droictz, choses, possessions et biens que li oncques nous y avons prins et nous prenons et mettons par ces presentes à la conservation de son droict tant seulement. Nous te mandons et remettons que la dite suppliante tu maintiennes et gardes de par nous en toutes ses justes possessions, droictz, usages, franchises, libertez et saisines, esquelles tu la trouveras estre et ses ditz prédécesseurs avoir été paisiblement et d'ancieneté. Et la garde et déffendez de par nous de toutes injures, tortz, violences, oppressions, molestations de force d'armes, de plusieurs delaiz et touts aultres lesquelles si tu trouves avoir été et estre faictes. (Le reste peu important.)

Donné â Paris le XIIIe jour de juillet l'an mil cinq cent soixante cinq, de notre règne le cinquième.

Par le Conseil.

GAULTIER.

6° Catherine de Reuilly en mariant son fils Guillaume, dont l'article suit, lui avait donné la terre de Méry, mais elle avait gardé d'autres propriétés sises dans la même paroisse, nous voyons un de ses vassaux lui rendre hommage. Voici l'analyse de cette cette pièce qui est assez longue :

Acte passé devant François Rousseau, licencié es

lois, conseiller du roi notre sire et de Madame, leur
procureur, garde du scel royal établi aux contrats de
la cour de Vierzon, et Anthoine Petit notaire du roi,
qui constate que noble homme Claude de Bourdessolles ecuyer, Sgr de la Bruère, et de Chezeau-Bois-
set, demeurant au dit lieu de la Bruère, en la paroisse
de Méry sur Cher, reconnaît tenir en arriere fief de
damoiselle Catherine de Reuilly, veuve de feu noble
homme, Jehan de Bonnault, dame de la Mothe d'Hery,
les fiefs et héritages qui suivent. C'est â savoir le
lieu de la Bruere, consistant en une maison seigneuriale, avec colombier, granges, étables et autres batimens, pontlevis avec fossés, cour, jardin, garennes,
bois de haute et basse futaie, terres labourables,
etc.

Fait à Vierzon, le penultieme jour d'aout de l'an
mil cinq cent soixante huit.

Signe PETIT et DE BOURDESSOLLES.

Dans le même titre suivent deux autres denom-
bremens, l'un du 6 octobre 1568, et l'autre du 28
aoũt 1570.

Les Bourdessolles était alliés à Catherine de Reuilly,
sa fille avait épousé un membre de cette famille.

7° Jehan de Bonnault était mort en 1541, nous
voyons le 9 septembre 1541, Catherine sa veuve,
dame de la Mothe d'Aisy en partie, qui rend hommage
au roi pour une partie de sa seigneurie. (Archives du
Cher, série C, n° 813, folio 56, verso.)

8° Le 15 octobre 1541, Godefroy de Bordesolles,
ecuyer, seigneur de la Foret, rend foi et hommage à

cause de d'amoiselle Guimon de Bonnault, sa femme, fille de noble homme Jehan de Bonnault, à cause du Chezeau au fort, autrement dit la Genestière. (Archives du Cher, série C, n° 813, folio 57, recto.)

Descendants, Guillaume qui suit, Guillemette qui épousa Godefroy de Bordesolles.

Sixième degré. — GUILLAUME DE BONNAULT, troisième du nom, chevalier, enseigne de la compagnie du maréchal de La Chastre, gentilhomme ordinaire de la Chambre, épousa, par contrat de mariage du 21 février 1550, Marie Brunet. Ce contrat de mariage est le premier de la série, qui va sans interruption jusqu'à moi. Voici l'analyse de ce contrat :

Contrat de mariage passé pardevant Jehan Arnault, licencié en loix, conseiller du roi notre sire, son procureur général en Berry, et garde du scel royal de la prévoté de Bourges, et devant Robert Assé clerc juré et notaire royal en Berry, entre Guillaume de Bonnault escuyer fils de défunt Jehan de Bonnault, seigneur de Mery et de Catherine de Reuilly ; — et Marie Brunet fille de défunt François Brunet élu en Bourbonnais et de Gabrielle Cizot.

Apport du futur la terre de Mery que sa mère lui donne ;

Apport de la future 1500 livres tournois.

Côté du mari :

Catherine de Reuilly mère ; — Guillemette de Bon-

nault sœur, épouse de noble homme Godefroy de
Bordessoles seigneur de la Forest ; — Catherine de
Convers veuve de messire Guillemin de Guérard ; —
Catherine de Reuilly femme de Jacques Mauray ; —
damoiselle Gabrielle de Guérard.

Côté de la femme :

François Brunet élu pour le roi en Bourbonnais
frère ; — Loys Brunet frère ; — noble homme Guillaume Bochetel, seigneur de Breuillamenon, la Forest,
Thaumiers, et de Puy-Sainte-Suzanne, conseiller du
roi et secrétaire de ses finances ; — Jacques Bochetel
seigneur de Galifart, conseiller du roi et receveur général de ses finances ; — Jean Bochetel abbé de Mores,
chanoine en l'église de Bourges, cousins ; — Charlotte
Cizot et Marie Mariette, veuve de Guillaume Gauthier, tantes ; — demoiselle Marie de Morvilliers ; —
maître Pierre oncel controleur des aides en Berry ; —
Marie et Jeanne Gauthier ses parens et alliés.

Fait à Vierzon, le 21 février 1550.

Guillaume de Bonnault signa la capitulation de Sancerre. (Original de la capitulation, publié par Poupard.)

Voici les titres qui le concernent et qui sont entre
mes mains :

1° Gratification qui lui est faite par le maréchal de
La Chastre pour sa conduite au siége de Sancerre.
Titre en parchemin très-bien conservé, dont voici
l'analyse :

Cession faite le 15 du mois de septembre, de l'an
1573, par haut et puissant seigneur, messire Claude
de La Chastre, seigneur et baron de la Maison fort et

de Cheilhatz, chevalier de l'ordre du roi, capitaine de cinquante hommes d'armes de ses ordonnances, lieutenant général et gouverneur des pays et duché de Berry, à noble homme Guillaume de Bonnault, escuyer, seigneur de Mery, enseigne de la compagnie du dit sieur de La Chastre, savoir de la somme de douze cents livres tournois, qui lui était due par Nicolas Mosin et Guillaume Chaludet de la ville de la charité, par obligation du 11 septembre, à la charge pour le dit sieur de Mery de payer sur la dite somme, cent livres au sieur de Mateflond, marechal des logis de la dite compagnie, celle de cinquante livres à chacun des douze hommes d'armes, et celle de vingt-cinq livres à chacun des onze archers de la dite compagnie. Le dit sieur de La Chastre la leur donnait en récompense des services qu'ils lui avaient faits pendant le siége de la ville de Sancere, donnant le surplus de la dite somme montant à 225 livres au sieur de Mery en considération de ses services au même siége.

Cet acte est passé à Bourges en présence de noble homme Jean de Berrières, et de François le Lorrain avocat, il est reçu par Pierre Paillasson notaire royal en Berry, et par Pierre Bigot, seigneur du Monnay, conseiller du roi et de madame, leur procureur général en Berry, étant alors garde du scel de la prévoté de Bourges.

Signé : PAILLASSON.

2° Brevet du gentilhomme ordinaire de sa Majesté délivré à Guillaume de Bonnault. Titre en parchemin, très-bien conservé, le voici *in extenso :*

De par le roy,

Grand chambellan de France maistre ordinaire de nostre hotel et vous maistres, et commençau de notre chambre aux deniers salut. *Scavoir* faisons que nous ayants esgard aux bons et notables services, que Guillaume de Bonnault escuier seigneur de Meri enseigne de la compaignye d'hommes d'armes de noz ordonnances dont a charge le sieur de La Chastre a des longtemps faictz aux feuz roys nos prédécesseurs, tant au faict des guerres que autres occasions,. ou il sest tousjours si bien et fidellement emploié, quil nous en demeure ung entier contentement et voullons en consideracion diceulx le favorablement traicter et lapprocher de nous en estat et qualité honnorable. Icelluy pour ces causes et pour lentière confiance que nous avons de ses sens, suffisance, loyauté, preudhommie et bonne dilligence, avons a aujourdhuy retenu et retenons en lestat de gentilhomme servant ordinaire de nostre maison, pour doresnavant nous servir en icelluy ordinairement, et en joyr et user par le dit sieur de Bonnault aux honneurs, auctres prerogatives, prééminances, prévileges, franchises, libertez, livraisons, hostellaiges, gaiges droictz, proffictz, revenus et émolumens qui y appartiennent tant quil noz plaira. *Et voullons* et vous mandons .que prins et recu du dit sieur de Bonnault le serment en tel cas requis et accoustumé, vous a esté notre présente retenue enregistrée ou faictes enregistrer aux registres papiers et estats de nostre chambre aux deniers, avecq nos auctres officiers de semblable estat et retenue, et dicelluy ensemble des honneurs auctres prérogatives, prééminances, franchises, libertez, gaiges, droictz, proffictz, revenus et esmolumens des susdictz, refaictes souffrez et laissez joyr et user plainement et paisiblement et a luy obeyr et entendre de tous ceux et aussy quil appartiendra ces choses touchans et concernant le dit estat et retenue. *Mandons* en ouctre a noz ames et feaux conseillers les tresoriers de noz officiers domestiques, que les dits gaiges ilz paient baillent et délaivrent au dit sieur de Bonnault doresnavant suivant les estatz qui en seront par nous signez et arrêtez par chacun an. Car tel est notre plaisir. Donné « Paris le cinquième jour d'aout l'an mil cinq cent soixantequinze.

Par le roy DENEUVILLE.

3° Exemption du ban et de l'arrière-ban accordée au même par Henri III. Titre en parchemin, très-bien conservé, reproduit en entier :

Henry par la grâce de Dieu roy de France de Poloigne à toz nos bailliz seneschaulx prevostz juges ou leurs lieutenans en la juridiction des quels sont situées et assises les terres, seigneuries et nobles tenemens appartenant à Guillaume de Bonnault, escuyer l'ung de noz gentilzhommes servant ordinaires. *Savoir vous faisons* que nous desirant bien et favorablement traicter le dit sieur de Bonnault, en consideration des services qu'il nous a cy devant faictz, et continue chacun jour, mesmes ses enfans, aux compagnies dont a la charge et conduicte notre mareschal et ..... cousin le duc de Nemours. Icelluy, pour ces causes et aultres aussy, nous avons affranchy quicte et exempte, affranchissons quictons et exemptons par ces présentes de la convocation de noz ban et arrière ban, a quoy il peult estre tenu envers nous pour raison de ses dites terres, seigneuries et nobles tennemens. *Et vous mandons* que de nos presentes exemption et affranchissement vous faictes souffrez le dit sieur de Bonnault jouir, choses plainement et paisiblement, et ou pour raison de ce, il avait jà paye aucune chose, ou quelques uns de ses dites terres estaient saisies, vous luy ferez rendre et restituer ce qu'il aura paye et plaine et entiere main levee des dites saisies, nonobstant que par la proclamacion donnee que nous avons faict faire de nostre ban et arriere ban, il vous soit expressement mandé y comprendre exemptz et non exemptz, prévilleigiés et non previlleigiez, et sans prejudice de leurs previlleiges, quelques lettres quilz puissent avoir de nous. En quoy nous n'entendons le dit sieur de Bonnault estre comprins, et entendu ainsy, l'en avons exempté. Nos vous exemptons ..... et à quelques ordonnances mandemens deffenses et lettres à ce contraires, ausquelles nous avons desrogé et desrogeons, car tel est nostre plaisir. Donné à Poictiers, le xxvie jour de juillet, l'an de grâce mil cinq cent soixante-dix-sept et de notre règne le quatrième.

HENRI.

Par le roi,   (Signature illisible).

4° Droit accordé par le roi à Guillaume de Bonnault d'évoquer aux requêtes du palais, les contestations qu'il pourrait avoir. Titre en parchemin dont voici la copie :

Henry par la grace de Dieu, roy de France et de
Pollongne, au premier nostre huissier ou sergent sur
ce requis, salut. A la supplication de nostre bien amé
Guillaume de Bonnault escuyer seigneur de Mery sur
Cher, l'un des gentilshommes servant ordinaire de
nostre maison, estant à cause de ce en nostre sauvegarde espécial et le quel dabondant avec sa famille,
droictz et possessions et biens quelconques nous y
avons mis et mectons par ces presentes à la conservation de son droit tant seulement. Nous te mandons et
commetons que les suppliants, tu maintiennes de par
nous, en touttes ses justes possessions, franchises et
libertez esquelles tu trouveras estre et ses predeces-
seurs avoir este paisiblement et d'anciennelté, et en
icelle le deffendre de touttes injures et aultres inquié-
tacions et nouvelletez indeues. Lesquelles si tu trouves
estre ou avoir este faictes au préjudice de nostre sauvegarde et du dit suppliant, ramene les ou faictz ra-
mener sans délay au premier estat, et du et avec ces
touttes debtes bonnes et loyalles prouvées suffisamment par lettres tesmoingz instrumentz confession de
partyz ou autres loyaulx enseignemens qui t'appere-
ront estre deubz au dit suppliant, tu les luy face
payer sans délay ou à son certain commandement,
contraignant à ceulx les debteurs et chacun deulx par
les contrainctes que tenuz et obligez seront ..... les
opposans refusans ou delayans et aussy touttes personnes dont par le dit suppliant ou son procureur
seras requis à certain et compectent jour ou jours.
Cest à savoir ceulx qui luy seront en la somme de dix

livres et au dessus par devant noz conseillers tenans les requetes de notre pallais à Paris, et les aultres au dessoubz par devant les juges quil appartiendra pour en dire leurs causes d'opposition et proceder comme de raison et neantmoings, faictz expres commandement de par nous sous grandes paynes à nous à applicquer à tous les juges ou leurs dits lieutenans, par devant les quels le dit suppliant a ou aura causes personnelles ou possessoires pendantes ou des quelles il voudra en soy prendre l'adveu charge garantie ou defense ou soy joindre tant en demandant qu'en deffendant, que icelles causes si elles sont entieres et non litigieuses, ilz renvoient et les quelles en leur reffuz voullons par toy estre renvoyées avec les partyes dument adjournées à certain et competent jour ou jours par devant nostres conseillers des dites requestes ausquels mandons faire aulx partyes oyes bon et brief droict, car ainsy nous plaist il estre faict, nonobstant quelonques lettres à ce contraires, toutteffois nous te deffendons congnaissance de cause, ces présentes apres ung an non valables. Donné à Paris le xxvie jour de may, l'an de grace mil cinq cent soixante-dixneuf et de notre regne le cinquieme.

Par le conseil de Neuville.

5° Lettre du maréchal de La Chastre à Guillaume de Bonnault, lui ordonnant diverses précautions à prendre pour la sûreté de la ville d'Issoudun, dont il était gouverneur. Suit la teneur :

Claude de La Chastre, chevalier de l'ordre du roy, conseiller en son conseil d'état, cappitaine de cent hommes d'armes des ordonnances de Sa Majesté, bailly gouverneur et son lieutenant général à Bourges, duché et pays de Berry, au sieur de Bonnault enseigne de nostre compagnye, et commandant en nostre absence en la ville d'Issoudun, salut. Comme nous avons esté advertis que ceulx de la nouvelle relligion, habittans de la dite ville, ont faict ung fort grand magazin darmes, tant offansives que deffansives, mesmes quil y en a tel qui a en sa maison pour armer dix ou douze hommes ou plus. *A ces causes* désirant pourvoir autant quil nous est possible à la seureté de la dite ville et des habittants catholiques, il nous a semblé estre nécéssaire de faire une bonne recherche et perquisition des dites armes, ce que par la presente nous vous ordonnons et mandons de faire, appelant avec vous les gouverneurs de la dite ville, cappitaines des quartiers, et autres notables habitans, ladvocat et scribe de la dite ville, et que tous ensemblement vous faciez exactement la dite recherche, faisant mectre par estat et inventaire toutes les dites armes, qui ce trouveront es maisons des dits de la nouvelle relligion, tant offansives que deffansives, les quelles seront prinses par les dits gouverneurs de la dite ville et mises dans la maison commune dicelle, ou autre lieu destiné pour le magazin des armes et munitions, des quelles armes sera comme dict est, faict bon et loyal inventaire par le quel, les dits gouverneurs se chargeront des dites armes pour les rendre et représenter, quand les occasions des présens troubles seront passez, ou que autrement par nous leur sera or-

donné, laissant seullement aus habitans de la nouvelle
relligion, les espées et dagues. Et daultant que nous
avons été advertiz qu'aucuns de la dicte relligion depuis peu de jours sont sortis de la dite ville, avec
armes et chevaulx, sy parcy après ilz ce représentent,
pour y rentrer, actandu que leurs allées et retour ne
pourrait estre que suspect, vous leur interdirez l'entrée de la dicte ville, commandant et enjoignant aux
cappitaines et gardes des portes, chacun en son quartier, davoir à les recevoir ni laisser entrer. En tout ce
que dessus, vous donnons pouvoir, puissance, aucto-
ritté et mandemant en vertu de celluy qui nous est
donné, le mectre a execution, avec commandement
aus dits gouverneurs et cappitaines de la dicte ville,
vous assister et aider. En tesmoing de quoy, nous
avons signé la présente de nostre main, et faict
mectre le cauchet de nos armes. à Bourges, ce
XVI mai 1585.   LA CHASTRE.

Par Monseigneur gouverneur et lieutenant général
susigné,   MAZELM.

7° Assemblée tenue à Issoudun, sous la présidence
de Guillaume de Bonnault, gouverneur de la ville.
Dans ce titre fort long, où la ligue est constituée à
Issoudun, il est donné lecture d'une lettre du roi
Henri III, du 20 mai 1585, défendant aux habitans de
recevoir le sieur de Bonnault et ses soldats. Les habitans passent outre, reçoivent le seigneur de Bonnault
comme gouverneur, sous l'autorité du seigneur de La
Chastre, lui jurent obéissance, lèvent une contribution
de guerre et mettent leur ville en état de défense.

Cette pièce qui contient dix-neuf pages est signée Hugault, greffier de la ville ; il n'y a malheureusement pas de date, la première page manquant, comme il est dit dans l'inventaire des papiers de la famille de Bonnault, fait en 1785, devant le bailli de Vierzon. Tout me fait présumer qu'elle doit être de 1585, date de la lettre de M. de La Chastre ordonnant à M. de Bonnault de défendre la ville ; les deux lettres d'Henri III, l'une défendant aux habitans de recevoir M. de Bonnault, l'autre que nous allons voir lui ordonnant d'en sortir, sont de la même époque.

8° Lettre d'Henri III, ordonnant à M. de Bonnault de sortir d'Issoudun. La voici *in extenso* :

Monsieur de Bonnault, je m'assure tant de votre obeissance que vous ne fauldrez de satisfaire à ce que je vous ay ces jours passez escript, pour sortir de ma ville d'Issoudun, et par mesme moyen mectre hors dicelle les soldatz que vous y avez faict entrer. Touttefois pour ce que en ce temps plain de deffiances, je ne puis trop soigneusement pourvoir à la conservation de mes villes, je vous faictz encore ce petit mot, pour vous enjoindre de rechef de satisfaire en cest endroit à ma volonté, et vous dire que ou vous y ferez la moindre difficulté du monde, ou useriez de quelque delation, jay commandé par mes lettres patentes aux officiers de ma justice, eschevins, manans et habitans dicelle, de vous en jecter dehors. Et à ceste fin, ay dépesché expres ce mien varlet de chambre, présent porteur, au quel jay donné charge de ne retourner poinct, quil ne vous en ayt veu partir avec vos soldatz.

3

Priant Dieu, Monsieur de Bonnault quil vous ait en sa garde. Escript à Paris le xve jour de juing 1585.

HENRY. — BRULARD.

Sur le verso, il y a: Monsieur de Bonnault, enseigne de mes ordonnances dont a charge le sieur de La Chastre.

9° Sauvegarde accordée à Guillaume de Bonnault, qui avait été estropié à la guerre. Titre délivré par le maréchal de La Chastre. Voici la teneur de cette pièce :

Le seigneur de La Chastre chevalier des ordres du roy cappitaine de cent hommes d'armes des ordonnances de Sa Majesté, gouverneur et son lieutenant général aux duchez de Berry et d'Orleans

A tous maistres de camps cappitaines chefs et conducteurs de gens de guerre, tant de cheval que de pied, et tous autres quil appartiendra, estant en l'estendue de nostre gouvernement soubz nostre charge et commandement, et pourront cy apres estre, à qui ces presentes seront communiquées, salut. Nous vous mandons que vous n'ayez a rien entreprendre sur la personne, ny mesme sur la maison du sieur de Bonnault en la quelle nous luy avons permis demourer tant et si longuement quil vouldra, la charge toutefoys quil ne permectera sa dite maison servir de retraicte aux ennemys, et quil passera son temps sans faire la guerre pour ung party ny pour un autre, à quoy sestant resolu, et aussy quil ne peut plus servir à ce party pour estre estropial du bras. Nous lavons prins en nostre protection et sauvegarde, comme pareillement sa dite maison, maistairies, moullins et entierement tout ce qui luy appartient, en tesmoing de quoy nous avons signé ces presentes et à icelles faict apposer le cachet de nos armes. Faict à Bourges ce XIIIIe jour de juillet 1590.

LACHATRE. — MAZELM.

10° Hommage rendu à Guillaume de Bonnault :

Aveu et dénombrement rendu par devant Jacques Gognier, garde du scel à Vierzon, et devant Etienne Richer notaire royal ordinaire pour Monseigneur et Madame la duchesse de Montpensier, par Abel de Bourdessoles, escuyer, seigneur de la Bruère, tant pour lui, que pour ses frères et sœurs, enfans et cohéritiers de défunt noble homme Claude de Bourdessoles, escuyer vivant seigneur de la Bruère, leur pere, à noble homme Guillaume de Bonnault, escuyer, fils de défunte damoiselle Catherine de Reuilly, vivant dame des fiefs de la Mothe. La seigneurie de la Bruère, sise paroisse de Mery sur Cher, comprend la maison seigneuriale, avec colombier, granges, étables et autres batimens, pont levis avec fossés, cour, jardin, garennes, bois de haute et basse futaie, étangs et terres labourables dont le dénombrement suit . . . .

A la fin de l'acte, le sieur de Bourdessoles déclare tenir tous ces biens en arriere fief du sieur de Bonnault.

Fait à la Bruère le 1er mai 1584.

DEBOURDESSOLES.

11° Les archives nationales contiennent aussi deux

pièces sur parchemin concernant Guillaume de Bonnault. Les voici *in extenso* :

Archives nationales, parchemin n° 2728.

Nous Guillaume de Bonnault mareschal des logis
dune compagnie de trente lances fournies des ordonnances du roy estant soubz la charge et conduicte de
Monsieur de Lachastre chevallier de l'ordre du dict
sire, confessons avoir eu et receu conptant de messire
Benoist Millon conseiller du roy et tresorier ordinaire
des guerres par les mains de Philippe de Castille,
commis à faire le payement de la dicte compagnie, la
somme de trente sept livres dix solz a nous ordonné
par icelluy sieur pour nos gaiges et estat de mareschal
des logis des dictes trente lances du quartier de janvier
febvrier et mars mil cinq cent soixante huit dernier,
et ce oultre et pardessus le payement qui faict nous a
este de nostre place d'homme darmes pour le dict
quartier, de la quelle somme de xxxvii livres x sous
tournois nous tenons pour content et bien payé et en
avons quicté et quictons les dicts messire Benoist
Millon et de Castille commis au dict paiement et tous
aultres. En temoing de ce, nous avons signe ces presentes de nostre main et faict sceller du scel de nos
armes. A Tours, le cinquieme jour de janvier mil
cinq cens soixante-neuf.   G. DE BONNAULT.

(Le sceau manque, reste le timbre sec des armes).

Archives nationales, parchemins n° 2728.

Nous Guillaume de Bonnault seigneur de Mery, enseigne en la compagnie du sieur de La Chastre, confessons avoir eu et receu contans de maistre Etienne

Galmet, conseiller du roy et tresorier ordinaire de ses guerres, par les mains de Martin Légier paieur de la dite compagnie, la somme de deux cens livres tournois à nous ordonnes, assavoir pour nostre estat d'enseigne en la dicte compagnie, cent livres, et pour la place d'homme d'arme cent livres que nous prenons en icelle pour le quartier de janvier febvrier et mars année présente mil cinq cens soixante et quinze ; de la quelle somme sus dicte ce jour nous tenons contans et bien paiés et en avons quite et quictons le dict Galmet tresorier, Leger payeur sus dict, et tous aultres par la présente que nous avons pour ce signee et y apposé le scel de nos armes le 23ᵉ jour de septembre, l'an mil cinq cens soixante quinze.

G. DE BONNAULT.

(Le sceau manque, reste le timbre sec des armes).

Aux archives nationales, pièces originales, vol. 407, sur papier, page 12, existent deux copies de ces actes avec les armes des Bonnault.

Guillaume de Bonnault signa aussi, le 2 décembre 1578, le procès-verbal fait à la réception de Francois de Francière, dans l'ordre de Malte. Les quatre gentilshommes, outre Guillaume de Bonnault, étaient Jean Herpin, seigneur du Coudray, Claude Corbie, seigneur de la Rimbaudière et Charles de Valenciennes, seigneur du Portal ; l'acte fut passé en présence de frères, François l'Ange et Charles de Biosaque, commandeurs de l'ordre de Malte, par devant Antoine Petit, notaire à Vierzon (papiers de la famille de Francière).

Descendance :

1° François qui suit ;

2° Suzanne de Bonnault, mariée à Salomon de
Loynes, seigneur de Bources et des Brosses ;

3° Jean de Bonnault, chanoine de l'église de Bourges;
c'est à lui que se rapporte le titre de 1592. Du reste,
voici un extrait de cette pièce. (Archives du Cher, série C, n° 969, folio 80, recto.)

Jehan Bonnault clerc suivant les finances ayant
charge du sieur Gentian, conseiller, tresorier et receveur général des maisons et finances de la royne
Loyse, douairière de France, etc. Lettre adressée aux
trésoriers des finances établis à Bourges pour qu'ils
aient à payer une somme de ..... à la royne Loyse,

Aux archives du Cher, liasse Mery, nous trouvons
un acte du 28 mars 1609, par le quel François de Bonnault ecuyer seigneur de Mery et la Forêt, se portant
fort pour noble maistre Jehan de Bonnault, prieur du
prieuré de Mery, arrente à Ambroise Pavillon, vigne-
ron, un quartier de vigne, à présent en désert, situé
au vignoble du pied Berthin, paroisse de Mery,
moyennant 16 sols et 2 poules de rente annuelle et
perpétuelle.

Septième degré. — François de Bonnault, escuyer
seigneur de la Foret, gentilhomme ordinaire de Marie
de Médicis, épousa par contrat de mariage du 24 septembre 1588, Jeanne Girard.

Voici l'analyse de ce contrat :

Contrat passé devant Jacques Bigot, licencié es lois, conseiller du roi, son procureur général en Berry et garde du scel royal de la prévoté de Berry, et par-devant François Serlant notaire.

Entre François de Bonnault, escuyer, seigneur de Mery sur Cher, fils de défunt Guillaume de Bonnault, escuyer, lieutenant de la compagnie de cent hommes d'armes du sieur de la Chatre, et de damoiselle Marie Brunet ses père et mère ; — et damoiselle Jehanne Girard fille, de noble homme, Jehan Girard, sieur des Bergeries et de Prunay, conseiller élu pour le roi en Berry, et de damoiselle Jehanne de Breuillamenon.

Côté du mari :

Jehan de Bonnault chanoine de l'église de Bourges, frère ; — noble et scientifique personne Antoine Bo-chetel seigneur de Mametz, aumonier du roy, abbé de Citeaux, chanoine à l'église Sainte-Etienne et sainte chapelle du palais royal de Bourges, cousin ;— Claude Lebegue conseiller du roi et son avocat en Berry ; — Charles Depptarel sieur du Platel, ses amis.

Côté de la femme :

Messire Jacques Bochelet, chevalier de l'ordre du roi, conseiller en son conseil privé, seigneur Breuilla-menon, Poizieux, Sainte-Lizaine et Beaulce ;— nobles personnes Jean et Etienne Girard, damoisille Ga-brielle Girard, frères et sœur ; — honorable homme, maitre Jean Girard, sieur de Villecomte et Etienne Girard, conseiller du roi au siege d'Issoudun, oncles paternels et tuteurs ; — damoisselle Marie de Villiers,

dame de Mislandres, tante ; — noble homme, Claude
Genton conseiller du roi et maître d'hôtel de défunt
Monseigneur frère du roi, oncle ; — noble homme
Claude Robert Damours, seigneur d'Hierry, valet de
chambre du roi ; — Etienne Girard sieur de Poincy ; —
François Genton, conseiller du roi, maître des eaux et
forets en Berry, et commissaire de l'artillerie, et damoiselle Marie Bochetel son épouse ; — Marie Genton
veuve de noble homme Claude de Sauzay seigneur
du Monthet, conseiller du roi et receveur de ses
finances à Bourges ; — Vincent Sarrazin, conseiller
du roi et controleur général du taillon â Bourges : —
Etienne Chabenat receveur des aides ; ses cousins et
cousines ; — honorable homme maître Hugues Ami-
guon, avocat au siége présidial de Bourges, ses parens et alliés.

Fait à Bourges en l'hôtel de Mademoiselle Marie de
Vular le 24 septembre 1588.

Il fit hommage pour sa seigneurie de Méry le
29 mars 1603.

Voici les pièces que j'ai le concernant :

Acte passé devant le garde du scel de la Chateline
de Saint-Georges de la Pré pour Monsieur, et devant
Jehan Dengau clerc et notaire, par le quel Bretonier
le Cœur demeurant en la paroisse de Saint-Georges
de la Pré, vend un pré situé paroisse de Mery au lieu
dit les Plures, à Pierre Boutron laboureur, qui sera
à son lieu et place des charges dues au seigneur de
Bonnault.

27 janvier 1599.

1⁴ Reconnaissance du droit par François de Bonnault de nommer un sergent pour sa seigneurie de Méry. Voici l'analyse de ce titre en parchemin :

Sentence rendue par Claude Lebegue, conseiller du roi, lieutenant général du bailly de Berry, au siege royal et ressort de Vierzon, sur ce qui avait été représenté par François de Bonnault, escuyer sieur de Mery sur Cher, assisté de Mᵉ Laurent, son avocat, qu'à cause de son fief et seigneurie de Mery mouvant du roi à cause de sa grosse tour de Vierzon, il avait droit de nommer et présenter un sergent franc pour faire tous exploits et saisie dans l'étendue de la dite seigneurie, ainsi qu'il justifiait par les aveus et dénombremens donnés à Sa Majesté, depuis 150 ans, et même par actes des 7 novembre 1540 et 4 septembre 1554. Le dit lieutenant ordonne que le dit de Bonnault, serait conservé dans le dit droit, et en consequence reçoit comme sergent franc de la dite seigneurie de Mery, Jean Maras, nommé et présenté par le sieur de Mery.

La dite sentence signée Darsonet, présents Michel Auger et Jean Chappus sergents au dit baillage.

Mercredi 5 mai 1599.

2° Brevet de gentilhomme ordinaire de Marie de Médicis. Parchemin très-bien conservé dont voici la copie :

Aujourd'huy xxiv jour de may mil six cent quatre, la royne estant à Fontainebleau, désirant gratifier le sieur de Bonnault tant en considération des bons services quil a cy devant faicts au roy et des bonnes

quallitez qui sont en luy, que pour la prière et recommandation qui lui a esté faicte en sa faveur par
Madame la mareschalle de la Chastre. Sa Majesté l'a
retenu et retient en lestat et charge de lung de ses
gentilshommes servans pour doresnavant la servir en
ceste quallité, et en jouir et user aux mesmes honneurs, aux dits privileiges, exemptions, franchises et
libertez dont jouissent les autres qui sont pourveuz de
pareilles charges et aux gaiges qui luy seront ordonnez
par l'estat de sa maison. Pour tesmoignage de quoy
sa dite Majesté m'a commandé luy en expédier le
présent brevet, qu'elle a voulu signer de sa main, et
estre contresigné par moy son conseiller et secretaire
de ses finances et commandemens.

MARIE. — PHILIPPEAUX.

3° Pièce de procédure entre François de Bonnault,
écuyer seigneur du dîme et censif de Méry et Silvain
Gibert et autres laboureurs de Méry, qui avaient
enlevé au domestique du sieur de Bonnault, le blé
qu'il avait pris dans leurs champs, à titre de dîme.
5 août 1608. Le procès a lieu devant Paul Agard,
conseiller du roi.

5° Transaction par-devant le maréchal de la Chastre
entre M. de Bonnault et M. de la Bruère. Voici la
copie de cette pièce :

Aujourd'hui dix huitiesme d'octobre mil six cent
treize sur le differend meu entre les sieurs de Mery et
de la Bruère, à raison des honneurs et enterremenz
en l'église de Mery, leur paroisse. *Nous Claude de la
Chastre*, marechal de France, gouverneur d'Orleans,

Bourges, pays et duché de Berry, nous serions ache-
minez à la priere et requeste des parties sur le lieu
où s'agissait le dit differend, au quel lieu nous avons
occullairement veu et recongnu la cause diceluy
differend, et pour couper chemin à toutes recherches
et poursuites qui pourraient norrir inimityé entre les
dits sieur de Mery et de la Bruère, avons de leur
consentement et par ladvis des sieurs du chasteau du
Courpoy, de la Brossé et plusieurs autres gentilshommes à ce présent, comme arbitres et amis com-
mungs des dites parties, dict et ordonné, disons et
ordonnons, que les dits honneurs de l'église générale-
ment demeureront au dit sieur de Mery, et en sera
servi, comme pareillement son siège demeurera où il
est pour luy et ses successeurs, qui viendront après
lui et possederont le lieu seigneurial de Mery. Les
enterremens qui ont cy devant ete faictz demeureront
aussy comme ils sont, sans tirer à conséquence, ny
que le sieur de la Bruere y puisse prétendre aucun
droict, ny s'en prévaloir. Et pour l'advenir, le sieur de
Mery fera les enterremens tant de luy que de ceulx de
sa maison, depuis le millieu de l'église suivant à main
droite le long de la chapelle de Saint-Marc et jusques
au dessoubz du pillier de la dite chapelle, et le sieur
de la Bruere prendra pour poser son banc à l'advenir
la place de celuy qui soulait estre de la maison de la
Forest, que ledit sieur de Mery lui a cedée, et pareillement pourra iceluy sieur de la Bruere faire ses enterre-
mentz depuis le dit millieu de l'eglise à la main gauche
à commencer au clou où est attachée la bannière de

la dite église, sans monter plus haut, entendu que la
sepulture du feu sieur de Bonnault, père du dit sieur
de Mery, est au dessus à quoy il ne sera nullement
touché. Et pour ce qu'il n'y a plus de gentilshommes
en ladite paroisse, que le sieur de la Fontaine, qui n'a
encore aucun siège dans la dite église, en pourra
mettre et poser un en tel lieu qu'il advisera, du coste
et au dessoubz du dit sieur de Mery. Moyennant tout
ce que dessus, et ensemble la satisfaction que le dit
sieur de la Bruere a faicte en notre presence au dit
sieur de Mery, par notre ordonnance pour certaines
paroles tenues entre eulx, les dites partyes sont dé-
meurées amyes, et les avons faict embrasser, demou-
rant toutes sortes de procedure et poursuites qui pourraient avoir été commencées de part et d'autre, nulles
et esteintes, comme de chose non advenue.

Faict les an jour que dessus.

LACHASTRE. — ARNAULT.

Descendants :

1º François, qui par contrat de mariage passé à
Bourges le 28 juillet 1620, devant Mᵉ Raguau, notaire
à Bourges, épousa Madeleine Bigot; il mourut après
un an de mariage. Sa fortune passa à ses frères et sœur,
ainsi qu'il résulte d'une transaction avec sa veuve,
transaction passée le 3 juillet 1621, par-devant Tubau,
notaire à Vierzon. Remariée avec M. de Mesnil Simon,
elle eut des contestations avec son beau-frère Jean
pour son douaire, comme le prouve la pièce suivante :

Archives du Cher, série E, nº 1144, page 78, recto.
— Fut present en sa personne Guy de Mesnil Simon,

escuyr, sieur de Breulhet, demeurant au dit lieu de
Breulhet, paroisse de Savigny (Savigny en Septaine
pres Bourges), tant en son nom, que pour et au nom
de damoiselle Magdelayne Bigot, son épouse et au
nom de Charles de Mesnil Simon escuyer, sieur de
Maupas et Morgues, en partye, son frère, escolier
estudiant en l'université de Bourges, pour lesquels il
s'est fait fort, de son bon gré a confessé, avoir receu
de Jehan de Bonnault, escuyer, sieur de Mery sur
Cher, y demeurant, héritier de deffunt François de
Bonnault, vivant escuyer, sieur du dit Mery, et mary
de la dite damoiselle Magdelayne Bigot, absent, par
les mains d'honorable homme, maitre Loys Lauverjat,
procureur au siége présidial de Bourges, y demeurant,
des deniers du dit sieur de Mery, la somme de quatre
vingt treize livres, six sols, huit deniers, pour dix
moys de ce que le dit sieur de Mery estait tenu payer
à la dite damoiselle pendant sa viduité, pour le louage
d'une maison à raison de cent livres par an ; les ditz
diz moys echeuz lhors du mariage du dit sieur de
Breulhet et elle ; et pour raison de quoy le dit sieur
du Mesnil Simon avait faict exécuter le dit sieur de
Mery, en vertu du contrat de mariage faict entre le dit
deffunt sieur de Mery et la dité damoiselle, et l'a dép-
posite de ses meubles, adjourné pour les representer
à la requeste du dit sieur du Mesnil Simon escolier,
par devant Monseigneur le Bailly de Berry ou M. son
lieutenant, conservateur des priviléges royaulx de luni-
versité de Bourges, et la somme de 12 livres tournois
pour les fraiz et despenz faictz au recouvrement de la

dite somme tant à la requeste du dit sieur de Breulhet que du dit sieur du Mesnil Simon escolier etc.

Faict à Bourges en l'étude du notaire après midy le trentieme jour de may 1625.

Signé : GUY DU MESNIL-SIMON MAUPAS.

LAUVERJAT. — BABOU, notaire.

La famille de Mesnil-Simon à la fin du XVIIᵉ siècle tomba dans la misère, et la terre de Maupas saisie par les créanciers, fut adjugée par décret à la famille Agard.

2º Jean de Bonnault dont l'article suit, et qui est l'auteur d'une branche éteinte.

3º Pierre de Bonnault dont l'article suivra, il fut notre auteur.

4º Guillaume de Bonnault qui fut prieur de Mery ; dans un titre en parchemin du 13 août 1653 il est qualifié seigneur des grandes dimes ; il plaide pour la perception de ces dimes contre Sylvain Chaudit Laboureur ; de plus, dans les papiers de l'église de Mery, nous le voyons en contestation le 28 octobre 1658, avec Durand, curé de Mery, et cela à cause d'honoraires de messes.

5º Catherine de Bonnault, mariée à Gabriel le Chat seigneur de Tracy.

Huitième degré. — JEAN DE BONNAULT, écuyer, seigneur de Mery, gentilhomme ordinaire de Monsieur frère unique du Roi, épousa par contrat de mariage du 21 août 1627, Elisabeth de Berthereau. Voici l'analyse de cet acte :

Contrat de mariage passé par devant les notaires royaux, au Chatelet de la ville de Paris.

Entre Jehan de Bonnault, escuyer, seigneur de Mery sur Cher, gentilhomme ordinaire de Monsieur, frère unique du Roi, demeurant à Mery, logé à Paris rue du Four, paroisse Saint-Eustache, fils de défunt François de Bonnault, escuyer, seigneur de Mery, et de damoiselle Jehanne Girard. — Et damoiselle Elisabeth Berthereau, fille de défunt Samuel Berthereau, seigneur de Beauregard et de damoiselle Claude de Montaudion sa femme, et sous la tutelle de son beau frère Jehan Lemaistre, escuyer seigneur du Breuil, gentilhomme ordinaire de Monseigneur frère unique du Roi.

Côté du mari :

Foucault escuyer seigneur de la Forest. — Foucault sieur de Beauchenne, cousins maternels. — Pierre d'Orléans sieur de Rere. — Jacques d'Orléans sieur du Plessis. — Louis d'Orléans sieur du Breuil. — Monsieur d'Esceuer conseiller du Roi en sa chambre des comptes.

Côté de la femme :

Jacques Briones, escuyer, sieur de Maisnieres, beau frère à cause de Marie Berthereau sa femme. — Claude Foucault sieur de Raynville, conseiller du Roi, doyen de sa cour des aides. — Messire Henry de Pichery conseiller du Roi en son conseil d'Etat, et maistre d'hôtel de la Royne, oncle. — Drouson escuyer sieur de Chaumontel, cousin paternel. — Claude Foucault conseiller du Roi au parlement, cousin. — Nicolas Foucault, conseiller du Roi en son grand conseil. — Nicolas Melliand conseiller du Roi au parlement, cousin. — Noble homme . . . . . intendant de Monsieur de Bouillon, à cause de sa femme. — Rodolphe le Maistre conseiller et premier medecin de Monsieur frère unique du Roi, ami.

Passé à Paris en la maison du sieur Boigalier, sise rue des Petits Champs, paroisse Saint-Eustache, le 21 aout 1627.

Cette branche s'éteignit dans leurs petits-enfants et la terre de Mery revint à Charles de Bonnault, fils de Pierre, frère cadet de Jean de Bonnault. Jean de Bonnault est cité dans le manuscrit du chanoine Hubert. (Bibliothèque d'Orléans.)

Voici les pièces que j'ai entre les mains et qui le concernent : ·

1º Deux titres en parchemin en date du 8 juillet 1657, dans l'un, il nomme Agard, comme sergent de la seigneurie de Méry, dans l'autre le bailli de Vierzon confirme cette nomination.

2º Une pièce imprimée à propos d'un procès qui s'était élevé entre lui, et les Bonnault de la Foret, qui lui contestaient le titre de seigneur de Méry. Voici l'analyse de cette pièce qui est très-curieuse :

Contestation entre M. de Bonnault seigneur de Mery et M. de Bonnault seigneur de la Forest, habitants tous les deux la paroisse de Mery. Par cet acte M. de Bonnault de Mery établit que lui et ses ancêtres, ont toujours été seigneurs du dit lieu ; pour cela il remonte jusqu'à Guillaume de Reuilly, qui en 1405 était seigneur de Mery et dont il cite un acte. M. de Bonnault énumère un grand nombre de contrats tant de sa famille que de celle de Reuilly ; dans l'un d'eux, nous voyons que Catherine de Reuilly, qui épousa Jean de Bonnault et lui apporta la terre de Mery, était fille de Jean de Reuilly et de damoiselle Guimon Couvreur.

Cette pièce imprimée est sans date, mais elle doit être antérieure à 1657, année de la mort de Jean de Bonnault.

3° Jean mourut le 5 août 1657, sa veuve était remariée en 1661 à Jean de Sathenat, écuyer, seigneur du Mont et de Vouzeron en partie. Nous trouvons ces détails dans la pièce suivante qui est très-longue ; et qui contient la saisie de Méry et son adjudication à Elisabeth de Berthereau. En voici le résumé :

Philippe de Clerembault, seigneur comte de Puteau, maréchal de France, et lieutenant général pour le Roi notre sire en ce pays et duché de Berry, à tous ceux qui ces présentes lettres verront salut, savoir faisons, que le 9 juin 1661, Elisabeth de Berthereau, femme de Messire Jean de Sathenat, chevalier, seigneur du Mont et de Vouzeron en partie, veuve de Jean de Bonnault, ecuyer seigneur de Mery, a fait commandement à M. de Berthereau, ecuyer seigneur de Torpoy, la Fontaine et autres lieux, tuteur et curateur des enfans mineurs de Jean de Bonnault et d'icelle, de lui payer 38,900 livres 17 sols plus 900 livres pour son douaire, accordé par son contrat de mariage passé

4

par Bruneau et Platurier, notaires au Chatelet de
Paris en date du 22 aout 1627. Suit une saisie de la
terre de Mery, où se trouve la description suivante :
le château et lieu seigneurial du dit Mery, icelui enclos
de murailles, fossés tout autour, dans lesquels il y a
eau et pont levis pour entrer en iceluy, qui consiste
en grands batimens, trois chambres basses, cuisine,
cave au dessous, trois chambres hautes, grenier au
dessus, deux tours, deux pavillons. Un autre batiment
où il y a chambre, boulangerie, grenier dessus, une
tour au bout, un puits dans la cour. Une basse cour en
dehors entourée de murailles, où il y a grange à faire
vin, une étable, une faye à pigeons. Suit la description
de la terre et de toutes ses redevances et que voici un
résumé :

Terre et métairie appelées la métairie d'en haut ex-
ploitée par Jullian Auffray, qui consiste en un corps de
logis, thoits a bestes, granges, ouches et jardins d'a-
lentours. — Plus sur sept septrées de terre appelées
les bouchis. — Plus sur 13 bosselées de terre partie en
pastoureaux. — Plus 2 bosselées de terre appelées le
pré de Mery. — Plus 3 septrées assises au dit pré de
Mery. — 12 bosselées au dit lieu. — 2 autres bosselées
au dit lieu. — 20 bosselées au dit lieu. — 2 bosselées
au dit lieu. — 5 septrées appelées la couture. — 7 septrées appelées chezeaubrian. — 2 septrées de terre
appelées la terre du bois. — 10 bosselées de terre appelées la terre de la garenne. — 1 septrée appelée les
Perriaux. — 5 bosselées de terre appelées la plente. —
1 bosselée d'autres terres qui joute André Crepy. —

4 bosselées appelées en garennes. — 8 septrées de terre appelées le champ de la taille. — Un arpent de pastoureau appelé le cabusier. — Un arpent et demi de pastoureau appelé les cloux dissons. — Deux arpens de prés assis en ville chever. — Deux arpens de prés assis aux plures Robinettes. — Un petit pré proche les villes chever.

Le lieu et metairie d'en bas où demeure Marie Soupiron, qui consiste en batimens à demeure, thoits à bestes, granges, ouches et jardins sur 18 bosselées de terre et de pelures avec le petit bois de haute futaie qui est dedans. — 4 septrées de terre appelées les poiriers. — 6 bosselées de terre appelées la ..... — 4 bosselées de terre appelés les pastoureaux. — 18 bosselées de terre appelées le quartier. — 15 bosselées de terre appelées les sasligues. — 3 bosselées de terre appelées la Perrière. — 4 bosselées de terre appelées l'ouche à la Rue. — 20 bosselées de terre appelées les cloux. — 13 bosselées de terre appelées la chaudière. — 5 bosselées de terre au bois sillon. — 8 bosselées de terre appelées la paillardière. — 3 bosselées de terre appelées les Garennes. — 30 bosselées de terre appelées le poirier au loup. — 6 bosselées de terre appelées le chesne des croix. — 20 bosselées de terre qui joutent le chemin du bourg de Méry au pont. — Un pastoureau contenant 20 bosselées. — 7 septrées de terre en pastoureau appelées les loges. — 2 arpens de prés appelés les vignes. — Un quartier de pré appelé le pré chevis. — Un tiers de quartier de pré assis aux daluetz. — Un autre pré appelé les cloux disson.

Une autre métairie appelée la Gaschetière, où demeure à présent Pierre Péan, consistant en maison, grange, thois à bestes, jardin, cour et ouches, tout au tour contenant 18 bosselées. — 5 septrées et 9 bosselées appelées les quartiers. — 30 bosselées de terre assises au puy Saulterreau. — 2 septrées de terre assises quartier et autres en pastoureau. — 3 septrées de terre au champ des halletz. — 3 bosselées de terre assises au dit lieu. — 2 septrées de terre derrière la grange. — Un arpent de vigne assis aux cloux aux courtandiers. — 18 bosselées de pastoureau qui joutent le chemin de Vierzon à Menetou. — 18 bosselées de pastoureau qui joutent le chemin de Mery à Vierzon. — Un arpent de pré appelé la fosse Enviette. — Deux quartiers de prés assis au verdin d'alluetz. — Un petit cloux de vigne appelé le cloux ..... — Un autre cloux de vigne appelé la cousdrelle. — Un quartier de vigne en deux pièces qui joute la rue qui tend du dit Méry à Vierzon. — Un pré de trois arpens qui joute le chemin tendant du pont à Vierzon. — Un arpent de pré appelé les pelures. — Un quartier et demi de pré appelé le cloux chabot. — Une pièce de pré appelée le pré des fossés. — Un arpent de bois taillis appelé les taillis des loges. — Une pièce de pré a cuillir 5 ou 6 chertes de foin, qui joute dun long le pré de la cour de Theilay.

Une maison assise au village, occupée par Noel Durant avec les cours ouches et jardins en dépendant. — 13 bosselées de terre assises près la dite maison. — 7 bosselées de terre appelées les bouillande. — 5 bos-

selées de terre proche les sus dites. — 3 bosselées de
terre. — 2 bosselées de terre appelées le cher. — 2 bosselées de terre assises au gros buisson. — Un quartier
de vigne au cloux du four. — Un quartier terre et pré
assis à la noue Josselin. — Six demi quartiers de
terre au clos des machefères. — 4 echerneaux de
vigne au clos des gilbertes. — Demi-quartier de vigne
au clos joussin.

Puis toutes les criées nécessaires pour la vente ont
lieu, tant à l'église de Mery qu'ailleurs.

Le 18 août Messire Cesar de Groslier?, chevalier de
l'ordre de Saint Jean de Jerusalem, grand prieur
d'Auvergne, commandeur de la Commanderie de Vil-
lefranche sur Cher, fait opposition à la vente.

Pierre, Guillaume et Catherine de Bonnault, frères
et sœur du saisi, font opposition à la vente, pour con-
server les droits qu'ils avaient sur la terre de Mery,
en vertu de leur acte de partage du 29 novembre 1627.

Après plusieurs tentatives infructueuses, la terre de
Mery est adjugée à Elisabeth de Berthereau, moyennant 40000 livres et l'obligation de donner caution,
pour sauvegarder les droits des opposants. Nous la
voyons présenter comme caution, prudent homme,
Claude Morissel, chirurgien à Vierzon, qui est accepté.

Jean de Sathenat et Elisabeth, sa femme, étaient
encore propriétaires de Mery en 1669, comme le
prouve l'hommage rendu au Roi le 6 février 1669, et
reçu par Perey, notaire. En 1671, Elisabeth de Berthereau était morte, puisque nous voyons son fils,
François de Bonnault, faire hommage au Roi pour sa

terre de Méry ; il rend hommage, tant pour lui que pour ses frère et sœurs, ce qui nous donne la descendance de Jean de Bonnault et d'Elisabeth de Berthereau. L'acte est du 28 juillet 1671, il est reçu par Sylvain et de la Rue, notaires à Bourges. (Renseignements tirés de l'ordonnance rendue par les trésoriers de France, dont j'ai une copie. Bourges, 27 février 1717.)

Voici les descendants :

1° François qui suit.

2° Marguerite qui figure au mariage de son frère.

3° Elisabeth qui est nommée au mariage d'Anne de Bonnault avec Joachim de Durbois ; elle dut naître en 1640. Dans son acte d'enterrement qui existe dans les registre de Mery, et qui est de 1678, il est dit qu'elle mourut à l'âge de 38 ans. Dans la même année, elle avait figuré à l'enterrement de sa sœur Marie, comme nous le verrons à l'article de cette dernière.

4° Jean Louis, qui épousa Jeanne du Peroux, comme le prouve le contrat de mariage de son fils, que j'ai entre les mains. Ce fils appelé Roger épousa le 29 novembre 1688, Marie de Fougières. Voici l'analyse de leur contrat qui porte au dos qu'ils n'eurent pas d'enfants.

Contrat de mariage passé par devant Buisson, notaire royal en Bourbonnais,

Entre Roger de Bonneau, escuyer, seigneur de la Varenne et du Mont, fils de feu Jean de Bonneau, escuyer, seigneur de la Varenne du Mont et la Fernault, et de damoiselle Jeanne Duperoux, ses père et mère, demeurant en la dite seigneurie de la Varenne, paroisse de ..... — Et damoiselle Marie de Fougières, fille de feu Jean de Fougières, chevalier, seigneur de Fougières et du Tret, et de dame Charlotte Desceures, demeurant en la seigneurie de Fougières, paroisse Saint Caprais, procédant sous l'autorité de François de Fougières, son frère, chevalier, seigneur du Tret, demeurant en la dite seigneurie du Tret, paroisse de Saint Caprais.

Fait en la dite seigneurie de Fougières, paroisse de Saint Caprais, le 22 novembre 1688.

En présence de :

Gilbert de Fougières, escuyer, prieur de la Bouteille, seigneur de Fougières. — Louis de Fougières, escuyer, commandeur de la Vault franche. — Antoine de Fougières, escuyer, commandeur de ..... — Nicolas Desceures, compte de Brioude. — François de Fougières, chevalier, seigneur du Creux. — Gilbert le Borgne, chevalier, seigneur du Lacq, la Tourate et le Vernais. — Claude du Carme, escuyer, seigneur de Venas. — Jean François du Chasteau, escuyer, seigneur de la Cour. — Louis du Chasteau, escuyer, seigneur de la Feuille, témoings demeurant en la paroisse de Saint Caprais.

5° Marie, née en 1643, voici son acte d'enterrement tiré des registres de la paroisse de Mery : enterrement de Marie de Bonnault, âgée de 35 ans, en présence de Messieurs de Mery et de la Foret, ses frère et cousin, et de damoiselle Elisabeth de Bonnault, sa sœur, 20 juin 1678.

Neuvième degré. — FRANÇOIS DE BONNAULT, né en
1635, épousa par contrat de mariage du 10 février 1659,
Anne Richard, voici l'analyse de ce contrat :

Contrat de mariage de François de Bonnault,
escuyer, seigneur de Mery, fils de défunt Jean de Bonnault, escuyer, seigneur de Méry, gentilhomme ordinaire de son altesse royale, et de demoiselle Elisabeth
de Berthereau à présent sa veuve, demeurant au dit
Mery. — Avec damoiselle Anne Richard, fille de défunt Claude Richard, chevalier, seigneur de Nogent,
commissaire ordinaire des guerres, et de damoiselle
Madeleine Serrebource, demeurant à Orléans.

Côté du mari :

Marguerite de Bonnault de Méry, sœur. — Pierre
de Berthereau, escuyer, seigneur de Montifranc, capitaine dans le régiment d'infanterie de son altesse
royale, cousin germain. — Anne de Berthereau,
escuyer, seigneur du Trépos, lieutenant dans le même
régiment, cousin germain. — Etienne Foucault sieur
de Beauchenou, trésorier général à Limoges, et damoiselle d'Avalleau, sa femme, cousin remis de germain du côté paternel. Mademoiselle Foucault, leur
fille. — Noble homme Michel de la Mainferme, avocat
au parlement, et damoiselle Bailly, sa femme, cousin
du côté maternel. — Elisabeth de la Mainferme, leur
fille. — Jean Davezan, escuyer, ami. — Maria Che-

valier veuve de Jean Guyard, bourgeois de Paris,
amie, et Geneviève Guyard, sa fille. — Marie et Suzanne de Verrelles, amies.

Côté de la femme :

Jeanne Fougère veuve d'Etienne Richard, escuyer,
sieur de Nogent, maréchal des logis de sa Majesté,
ayeule. — Guillaume Richard, escuyer, sieur de Nogent, frère. — Pierre Vaillant, escuyer, sieur de Fes-
nières, beau-frère par sa femme, Charlotte Richard,
sœur. — Florent Serrebource, escuyer, sieur de la Bretache, beau frère par Madeleine Richard, sœur. —
Pierre et Charles Vaillant, neveux. — Louis Mazuray,
docteur en médecine à Orléans, par sa femme Anne
Sarrebource, tante maternelle. — Claude Marier, chanoine de l'église de Sainte Croix d'Orléans. — Anne
Fougère veuve de Guillaume Bongard, escuyer, sieur
de Villedard, conseiller et maitre d'hôtel du Roi, conseiller et commissaire ordinaire des guerres. — Marie
Marier veuve de défunt Julian d'Avallau, greffier en
chef de la grande voirie, généralité d'Orléans, tous cousins et cousines remis de germain. — Marie de Fleury
veuve de défunt Florent Serrebource, escuyer, sieur de
la Bretache, commissaire ordinaire des guerres, tante
par alliance. — Anne Serrebource, épouse de Claude
de Vieures, escuyer, sieur de Marsaise, cousine d'alliance. — Marie Doyneau femme de noble homme
Hemon, fourrier des logis du Roi, amie. — Marie
Leroy femme du dit Guneau, notaire, amie.

Ce contrat de mariage est passé par devant François de Paule Lerebours, chevalier, seigneur de

Chaussy, conseiller du Roi, etc., et devant Jacques Juneau, notaire à Orléans, le 10 février 1659.

Clément Lauverjat rendit hommage à François de Bonnault pour un fief relevant de Mery, voici le résumé de cette pièce :

Foi et hommage rendu par honorable homme Clement Laverjat sieur de Saint Martin et la Bruere qui s'est exprès transporté au château de Mery, pour rendre hommage à François de Bonnault, escuyer, seigneur de Mery, à cause du fief de la Bruere qu'il tient de lui en arrière fief ; il lui est arrivé par succession d'Etienne Lauverjat son père, qui l'avait acquis de François de Matiflon sieur de la Bruere.

Dans cet acte on voit qu'à cette époque le vassal se mettait encore à genou devant son seigneur suzerain, tête nue, et chose particulière, en cette posture, il devait en outre baiser le verrou de la principale porte du castel de Mery.

L'acte a été passé au castel et lieu seigneurial de Mery, le 16 mars 1673, en présence de Charles de Bonnault, escyer, seigneur de la Forest, et de François Gourdon, procureur à Vierzon.

Signé TTIBARD.

Voici l'acte de décès de François, tel que je l'ai copié sur les registres de la paroisse de Mery : Enterrement de François de Bonnault, seigneur de Mery, âgé de 50 ans, en présence de Charles de Bonnault, seigneur de la Foret, et de Jacques et François d'Orléans, seigneurs de Rere et Tracy. 25 mars 1685.

François laissa cinq enfants, quatre sont relatés

dans l'hommage que le 16 janvier 1693, son fils Jacques rendit au Roi, sous l'autorité de sa mère, Anne Richard ; le cinquième n'y figure pas, parce que c'était une fille qui était religieuse. L'acte est reçu par Bouquereau, notaire à Mainetou.

1° Marie, baptisée le 22 septembre 1665, c'est elle qui fut religieuse, et dont il est question dans le testament de sa sœur Anne.

2° Anne, baptisée le 23 mai 1669 ; dans les papiers de la fabrique de Mery se trouve son testament en date du 23 novembre 1728, par lequel elle lègue à l'église de Méry, une rente au capital de 525 livres, somme qui lui était due par Hélène de Bonnafau veuve de Jacques de Bonnault, seigneur de Laune, son cousin. Elle fait ce legs à la charge de quatre services par an, tant pour le repos de son âme que pour celui de l'âme de sa sœur Catherine, décédée avant elle. Dans cet acte elle parle de sa sœur religieuse à Mainetou, ce ne peut être que Marie. Elle nomme le seigneur de la Foret son exécuteur testamentaire. Le 3 août 1729 inventaire est fait après son décès. Les quatre services créés par elle se disent encore. J'ai tiré tous ces renseignements des registres de Mery, comme les actes concernant les cinq enfants de François de Bonnault.

3° Catherine, née le 23 septembre 1671, citée dans le testament de sa sœur.

4° Jacques, baptisé le 23 février 1673.

5° François, baptisé le 20 avril 1676, il eut comme parrain, Gauthier, curé de Mery, et comme marraine

Catherine Chasserat femme de Jean Rossignol seigneur de la Ronde.

François de Bonnault, le mari d'Anne Richard, avait malheureusement marché sur les traces de son père. la terre de Mery à sa mort était grévée au delà de sa valeur. La situation quoique fort tendue se prolongea jusqu'à la mort de sa veuve arrivée en 1712. Les créanciers firent alors saisir la terre de Mery, qui fut adjugée à Charles de Bonnault, le 17 août 1714, devant le siége de la conservation de Bourges. Le 21 octobre de la même année intervint un acte passé devant Me Saint Simon, notaire à Vierzon, maintenant étude de Me Fromont, par lequel Charles de Bonnault, seigneur de la Forêt, acquéreur de Mery, et demoiselles Anne et Catherine de Bonnault seules héritières de François de Bonnault et d'Anne Richard, son épouse, tous les autres enfants étant décédés, ratifiaient l'adjudication de la terre de Mery au profit de Charles de Bonnault, qui de son côté, pour soustraire ses cousines à la misère, leur faisait leur vie durant une pension de 200 livres. (Le Charles de Bonnault qui achète est le mari d'Anne Robert.)

L'acte est signé Anne de Bonnault de Mery, Catherine de Bonnault et Charles de Bonnault.

Suit un acte du 22 octobre 1714 qui nous donne l'estimation de la terre de Mery avec ses cheptels, elle monte à 19,368 livres 3 sols ; dans le même acte se trouve un état des dettes s'élevant à la somme de 21,825 livres 7 sols. Le principal créancier est l'établissement des dames religieuses du Saint-Sépulcre de Vierzon. (Voir l'acte dans l'étude de M. Fromont.

Charles de Bonnault seigneur de la Foret désinté-
ressa les créanciers et racheta ainsi la terre de Mery
qui sans lui serait sortie de la famille, de plus il mit
ses cousines à l'abri de la misère.

Huitième degré. — PIERRE DE BONNAULT, écuyer,
seigneur de la Forest, épousa Jacqueline Goault par
contrat de mariage du 18 novembre 1629. En voici
l'analyse :

Contrat de mariage entre Pierre de Bonnault, escuyer, seigneur de la Forest, paroisse de Mery près
Vierzon, fils de défunt François de Bonnault vivant
escuyer, sieur du dit Bonnault (*sic*) et de Mery, et de
demoiselle Jeanne Girard, sa femme ; — avec damoiselle Jacqueline Goault, fille de Robert Goault, escuyer,
seigneur de la Motte, de Painthiers et de la grande
cour du Couldray, conseiller et assesseur à la prévôté
d'Orléans, et de damoiselle Marie Montauldion, sa
femme. Le dit sieur Goault, fils de feu Robert Goault,
sieur du Couldray, controleur ordinaire des guerres
et de damoiselle Anne Ma reau. Et damoiselle Mar.e
de Montauldion, fille de feu Asselin de Montauldion,
seigneur de Villouzier et Atran et de damoiselle Marie
Danien, ses père et mère.

Côté du mari :

Jehan de Bonnault, seigneur de Mery, gentilhomme
ordinaire de Monseigneur le duc d'Orleans, et damoi-

selle Elisabeth Berthereau, sa femme ; — Messire Guillaume Bonnault, prieur du prieuré de Mery ; — Gabriel Le Chat, escuyer, seigneur de Tracy, à cause de Catherine de Bonnault, sa femme, tous frères et sœur du futur ; — Jehan de Satenat, escuyer, seigneur du Mont, le Boucher et de Vouzeron en partie ; — Sylvain de Maubruny, escuyer, sieur dela fontaine Mery. Cousins, amis et alliés du futur.

Côté de la femme :

Henri de Varennes, escuyer, seigneur de la Bouache, à cause de Marie Goault, sa femme, sœur ; — religieuse personne Claude Goault, religieux profès de l'abbaye Saint-Euverte d'Orleans, et prieur de Saint-Martin-d'Abat ; — Antoine Goault, étudiant à l'Université d'Orléans ; — Jacques Goault ; — Madeleine et Anne Goault, frères et sœurs ; — dame Etiennette de Montauldion, femme de Henri de Pichery, chevalier, seigneur de la Brosse et de Villecomte, conseiller du roi et maître d'hôtel du roi et de la reine, tante ; — Anne Peteau, veuve de Florimond Damain, escuyer, sieur de la Martinière, grand oncle ; — le dit sieur de Mery et Elisabeth de Berthereau, sa femme, cousin germain de la future épouse ; — Aimée Lenormand, veuve de défunt Jehan de Saint-Mesmin, escuyer, seigneur du Mesnil, maître d'hotel chez le roi ; — Jacques Bouchon, escuyer, seigneur des Maizières, conseiller du roi et de Monseigneur le duc d'Orléans, et leur avocat au baillage d'Orléans ; — honorable homme, Me Jacques Mesmin, procureur au baillage d'Orléans, et Catherine Perdoulx, sa femme ; — noble homme Florand Mes-

min, conseiller au baillage d'Orléans, et Marie Paris,
sa femme ; — noble homme Me Claude Paris, sieur de
Billérat, conseiller au baillage d'Orléans, et Marie Mesmin, sa femme, tous cousins et cousines de la future ;
— Reverend Père en Dieu, Charles Hotteman, sieur
et baron de Rougemont, conseiller du roi, abbé de la
cour Dieu es forets d'Orleans ; — Philippe Hottman,
escuyer, seigneur de la Bouillerie, demoiselle Anne
Julian, son épouse ; — noble homme Jehan Cardinet,
seigneur du Bois des armes, conseiller du roi, et demoiselle Marguerite Mallier, son épouse ; — Damoiselle Marie Robineau, femme de Jacques Fougères,
chevalier, seigneur de Villiers et des Boursiers, conseiller du roi et marechal général des camps et armées
de Sa Majesté ; — noble homme Nicolas Rousseau,
avocat au Parlement, et Marie Chalier, sa femme ; —
noble homme Me Guillaume Fieffé, avocat, et dame Anne
Lejendre, sa femme ; — dame Firminie Sogne, veuve
de Pierre Poisse, procureur à Orléans ; — honorable
homme Sogne, procureur à Orléans, et Antoinette de
Grispère, sa femme. Les sus dits amis de la future.

Le présent contrat passé par devant Jehan Cardinet,
sieur du Bois des armes, conseiller du roi notre sire,
maître des requêtes ordinaires de la reine-mère, conseiller du conseil de Monseigneur le duc d'Orléans,
frère unique du roi, prévot des chastels et chastellenies
dépendant de la prévoté d'Orleans et ressort d'icelle, et
conservateur des privilèges de l'Université d'Orléans.

Fait à Orléans à l'hostel de Monsieur et Madame
Goault, le 18 novembre 1629.

Pièces concernant Pierre de Bonnault :

1° Hommage rendu au roi par devant Etienne Bourdaloue, conseiller du roi, lieutenant civil et criminel
du baillage de Vierzon, par Pierre de Bonnault, escuyer, seigneur de la Foret, qui expose que, par suite
de la mort de François de Bonnault, seigneur de Mery,
et de damoiselle Jeanne Girard, ses père et mère, il a
hérité du fief de la Foret, qui releve du roi à cause de
sa grosse tour de Vierzon. 23 décembre 1639.

Signé : BOURDALOUE, ROSSIGNOL
et PIERRE DE BONNAULT.

2° Actes de baptême de ses fils, Henry, Jean et
Charles :

Extrait des registres baptistaires de l'église parois-
siale de Saint-Martin de Mery-sur-Cher, diocèse de
Bourges.

Le 26 septembre 1630 a été baptisé Henry de Bonnault, fils de Pierre de Bonnault, escuyer, sieur de la
Forest, et de demoiselle Jacqueline Goault ; a été parrain Henry Devarennes, escuyer, sieur de la Boisèche.
et marraine Etienne de Montaudion, femme de Messire
Henry Pichery, conseiller du roi en ses conseils et
maitre d'hôtel de Sa Majesté.

Le 15 juin 1634 a été baptisé Jean de Bonnault, âgé
d'un an et un jour, fils de Pierre de Bonnault, escuyer,
sieur de la Forest, et de demoiselle Jacqueline Goault :
il a eu comme parrain Jean de Satenat, escuyer, seigneur Dumont et Vouzeron en partie, et pour marraine demoiselle Marié Goault, sa tante maternelle.

Le 15 février 1651 a été baptisé Charles, né le 13 décembre 1642, fils de Pierre de Bonnault, escuier, sieur de la Forest et de Jacqueline Goault; il a eu pour parrain Charles Rapin, escuyer, sieur de Chambon, et comme marraine demoiselle Madeleine Richard, veuve de Jean Etval, escuyer, sieur de Boismarteau.

Les dits extraits sont signés par le curé qui les a délivrés et par le lieutenant général à Vierzon qui certifie sa signature.

SIMON, Curé. — ROSSIGNOL.

3° Maintenue de noblesse du 17 juin 1668, titre en parchemin avec armes coloriées, qui sont reproduites en tête de cet ouvrage. Voici la copie de cette maintenue:

Inventaire des titres de noblesse que présente par devant vous, Monseigneur Demachault, chevalier, intendant de justice dans la généralité d'Orléans, Pierre de Bonnault, escuyer, sieur de la Foret, tant pour lui que pour Jean de Bonnault, escuyer, son fils aisné, servant depuis six ans en Allemagne, Guillaume de Bonnault, escuyer, son second fils, cavalier dans la compagnie de Monsieur de Gelais, et Charles de Bonnault, escuyer, son troisième fils; Guillaume de Bonnault, escuyer, prieur de Mery, frère du dit Pierre; François de Bonnault, escuyer, sieur de Mery en partie; Pierre et Guillaume de Bonnault, tous demeurant en la paroisse de Mery, election de Romorantin, baillage de Bourges.

Aux fins qu'il vous plaise, Monseigneur, maintenir les dits de Bonnault en leurs priviléges, comme extraits de noble race, tige et lignée; les dits Pierre et Guil-

5

laume, feu Jean de Bonnault, qui était père du dit
François, enfants de feu François de Bonnault, vivant
escuyer sieur de Mery, et de damoiselle Jeanne Girard,
le dit François dernier nommé fils de Guillaume, le
quel estait fils de Jean de Bonnault escuyer ; et à Monseigneur ordonner que les dits de Bonnault seront
mis dans le catalogue des nobles de la province, qui
doit être fait en execution de l'arrêt du Conseil d'Estat
du roi du XII mars 1666.

Pour prouver, les preuves seront 2 degrés de filiation, pour le temps prescipt par la déclaration de Sa
Majesté, du XXII juin 1664 ; produisent les dits sieurs
de Bonnault deux pièces :

La première du 19 de janvier 1550 est un contrat
passé par devant Robert Assé notaire royal à Bourges
du mariage de noble homme Guillaume de Bonnault,
fils de feu Jean de Bonnault, en son vivant seigneur
de Mery-sur-Cher, et de demoiselle Catherine de
Reuilly, avec Marie Brunet, en la présence de la demoiselle Catherine de Reuilly sa mère.

L'autre pièce du XXI juin 1557, est un contrat de
transaction passé par devant Pierre Adam, notaire
royal à Vierzon, entre Guillaume de Bonnault escuyer
seigneur de Mery, ayant pris le fait et cause pour
demoiselle Catherine de Reuilly sa mère, et Jean
Currin escuyer.

Au troisième degré de filiation, qui est celui de
François de Bonnault fils de Guillaume, rapportent
deux pièces :

La première du trois décembre 1587 est un partage

fait par devant le sieur Bailly de Berry au siége royal et ressort de Vierzon, des biens du dit Guillaume de Bonnault entre ses enfants du nombre desquels estait le dit François de Bonnault.

L'autre pièce du xxiiii de septembre 1588 est un contrat passé par devant François Firlan, notaire royal à Bourges, du mariage de François de Bonnault chevalier sieur de Mery sur Cher, fils de feu Guillaume de Bonnault, vivant escuyer sieur du dit lieu, lieutenant de la compagnie de cent hommes d'armes du sieur de la Chastre et de demoiselle Marie Brunet, avec demoiselle Jeanne Girard.

Au quatrième degré de filiation, qui est celuy des dits Pierre, Guillaume de Bonnault produisant et du dit feu Jean de Bonnault leur frère aisné, père du dit François, raportent et produisent trois pièces :

La première du 25 d'aoust 1627 est le contrat de mariage de Jean de Bonnault escuyer sieur de Mery sur Cher gentilhomme ordinaire de son Altesse royale, fils de feu François de Bonnault vivant escuyer s'eur du dit lieu de Mery et de damoiselle Jeanne Girard avec damoiselle Elisabeth Berthereau.

La deuxième du xx decembre au dit an 1627, est le partage noble fait par devant le sieur lieutenant général du Berry au siége royal de Vierzon, des biens des dits François de Bonnault et Jeanne Girard, et de François de Bonnault leur fils aisné, entre les dits Jean, Pierre et Guillaume de Bonnault escuyers, enfans et héritiers.

Et la troisième du xviii de novembre 1629, est le

contract du mariage du dit Pierre de Bonnault escuyer avec damoiselle Jacqueline Geault, passé par devant Monnoye notaire au dit Orléans.

Pour faire veoir que le dit François de Bonnault, l'un des produisans, est fils de Jean de Bonnault escuyer, sieur de Mery et de damoiselle Elisabeth de Berthereau, rapporte le contract de son mariage avec damoiselle Anne R'chard passé par devant Jumeau notaire au dit Orléans, le dix de février 1659, qui confirme cette proposition.

Item produisent le présent inventaire, avec le blazon figuré des armes de la famille de Bonnault.

Inventaire de production nouvelle que produisent pardevant vous, Monseigneur l'intendant en la généralité d'Orléans, Pierre, Guillaume et François de Bonnault escuyers.

Pour justifier d'autant plus de l'ancienneté de leur noblesse, et d'un degré de filiation au-dessus de ceux justifiés par leur première production, et que Guillaume était fils de Jean, rapportent cinq pièces attachées ensemble :

La première du 29 de juin 1524, est un acte passé par devant Guillaume Poirier, notaire à Vierzon, d'offre de foy par noble homme Abel de Bordessole à noble homme Guillaume de Réuilly et Jean de Bonnault escuiers.

La deuxième du vingt d'octobre 1534, est un aveu passé entre les mêmes parties par devant Guillaume Blanchard, notaire à Vierzon.

La troisième du huit d'avril 1549, est un adveu passé

pardevant Jean Laurent notaire à Vierzon par noble homme Guillaume de Bonnault, escuier sieur de Mery.

La quatrième du vingt-quatre novembre 1551, est un acte d'offre de foy passé pardevant le dit Laurent notaire, par noble homme, Guillaume de Bonnault escuier sieur de Mery sur Cher, accompagné de damoiselle Catherine de Reuilly sa mère.

Le cinquiesme et dernier, du vingt et un fevrier, mil cinq cent soixante est un acte passé pardevant le dit Laurent notaire, de reception de foy fait à damoiselle Catherine de Reuilly par le dit sieur de Bourdesolle. Après les quelles pièces, et celles produites par la première production, les dits de Bonnault n'estiment pas qu'il ait ombre de difficulté de les maintenir en leur noblesse de race, ce qu'ils espèrent Monseigneur de votre bonne justice et intégrité.

Troisième inventaire de production des titres que produisent par devant vous, Monseigneur l'intendant de la généralité d'Orléans, Pierre, Guillaume et François de Bonnault escuyers.

Pour justifier d'autant plus de l'ancienneté de leur noblesse et que Guillaume était fils de Jean de Bonnault et de damoiselle Catherine de Reuilly, exposent neuf titres :

Le premier datté du quinze de décembre 1533 est un contract passé pardevant Jean Poirier notaire à Vierzon, d'acquisition faicte par noble homme Jean de Bonnault escuier, valet de chambre ordinaire du roy, et damoiselle Catherine de Reuilly sa femme, des héritages y contenus.

Le deuxième du vingt d'octobre 1534 est un adveu rendu à noble homme Jean de Bonnault, escuier, valet de chambre ordinaire du roy, et damoiselle Catherine de Reuilly sa femme, par le sieur de Bourdesolle par devant Guillaume Blanchard notaire à Vierzon.

Le troisième, du deux de juillet 1542 est un acte passé par devant Laurent notaire à Vierzon, d'offres de foi faicte par des vassaux à damoiselle Catherine de Reuilly, vesve noble homme Jean de Bonnault escuier.

La quatriesme du premier d'avril 1549 sont lettres du roy Henri second en forme de commission de chancellerie, octroiée à Catherine de Reuilly, vesve de Jean de Bonnault escuier.

La cinquiesme du vingt-deux de janvier 1550 est une quittance notariée passée par devant Pierre Mayet notaire en la sénéchaussée de Bourbonnais, entre damoiselle Catherine de Reuilly, vesve Jean de Bonnault, en son vivant escuier seigneur de Mery sur Cher, et Guillaume de Bonnault aussy escuier, son fils et du dit deffunct, et damoisselle Marie Brunet.

Le sixième du XIIII de mars 1558 est un contract passé pardevant Pierre Adam, notaire à Vierzon, de vente faicte par damoiselle Catherine de Reuilly, vesve Jean de Bonnault, en son vivant escuier valet de chambre ordinaire du roy, et Guillaume de Bonnault aussy escuier son fils, à Jean de Baroge de trois arpens ou environ de pré.

Le septieme du dernier de janvier 1559, en un contrat passé pardevant Pierre Adam notaire à Vierzon, d'acquisition faicte par Guillaume de Bonnault escuier seigneur de Mery sur Cher, du sieur de Bazogue, d'une pièce mentionnée au contract.

Le huitiesme du deux de décembre 1560, est une quittance passée pardevant Pierre Paillasson notaire en Berry, au proffit de noble homme Guillaume de Bonnault, escuier, sieur de Mery, enseigne de la compagnie de Monsieur de la Chatre, chevalier de l'ordre du roy, capitaine de cinquante lances, fils et héritier de deffuncte Catherine de Reuilly sa mère.

Le neuviesme et dernier, du XIIII aoust 1575 sont lettres de provisions d'une charge de gentilhomme ordinaire de la maison du roy, au proffict de Guillaume de Bonnault, escuier, sieur de Mery.

Item produisent le présent inventaire :

Veu par nous, Louis de Machaut, conseiller du roy en tous ses conseils, maistre des requêtes ordinaire de son hostel, commissaire departy par Sa Majesté pour l'execution de ses ordres en la généralité d'Orléans, les pièces et lettres mentionnez aux inventaires cy joints, à nous representez par Pierre, Guillaume freres, et François de Bonnault nepveu, escuiers seigneurs de Mery, pour la justification de leur noblesse et satisfaire à l'arrest du Conseil d'estat du roy du vingt deux de mars 1666 et aux ordonnances sur ce rendues. Veu aussy le désistement de M. Mathurin Delorme commis préposé par sa Majesté pour la recherche des usurpateurs des titres de noblesse, en la dite généralité, ensemble les conclusions du procureur du roy en la dicte commission, auquel le tout a esté communicqué, et tout considéré.

Nous commissaire sus dict avons donné à acte aux
dicts Pierre, Guillaume et François de Bonnault escuiers, de la représentation qu'ils nous ont faicte de
leurs titres et pièces justificatives de leur noblesse,
pour jouir par eux de tous les priviléges accordez aux
nobles, suivant les ordonnances et reglemens tant et
sy longuement qu'ils ne feront actes derogeans pour
estre à ces effects inscrits et compris dans l'estat et
cathalogue des dits nobles, conformément aux dits
arrests du Conseil du xxii de mars 1666, et ont esté les
dicts titres et pièces rendues aux dits sieurs de Bonnault, après avoir esté paraphez par le greffier de
nostre commission, et un double des dicts inventaires
demeuré au greffe annexé au présent jugement, avecq
le blazon des armes de la famille des dits de Bonnault.
Faict à Orléans le dix septiesme jour de juin mil six
cens soixante huit.

DEMACHAULT

Par mon dit sieur RENUDEAU.

Sur le dos de l'acte est écrit : invantere et arest pour la
justification de noblesse de Pierre et Guillaume et François de Bonnault, et de Charles de Bonnault estant un fils
de feu Pierre de Bonnault son père, obtenu devant Monsieur de Machault intendant à Orléans en l'année 1668.

Cte N. N. et paraphe.

4° Contrat d'échange entre Jacqueline Goault, veuve
de Pierre de Bonnault, et Sylvain Richetain laboureur,
demeurant à Vierzon, 24 juin 1672.

Trois de ses fils périrent dans les guerres de
Louis XIV.

Descendants :

1° Henri baptisé le 26 septembre 1630, capitaine de grenadiers, il fut tué au siége de Courtray ; j'ai son brevet comme capitaine au régiment du roi, infanterie, dont le colonel était le marquis de Pierfitte. Au bas il porte : au camp près Ninove (Belgique), 8 juin 1676, signé Louis, plus bas Letellier.

2° Jean, capitaine d'infanterie, tué au siége de Nancy. La maintenue de noblesse en fait l'aîné, mais j'ai suivi les actes de baptême.

3° Guillaume, cité au contrat de mariage de sa sœur Jeanne et dans la maintenue de noblesse.

4° Charles dont l'article suit.

5° Claude, officier, tué en Bavière d'après une vieille généalogie.

6° Anne, mariée par contrat de mariage du 14 avril 1671 à Joachin de Durbois. Voici l'analyse de cet acte :

Contrat de mariage de Joachin de Durbois, fils de François de Durbois, seigneur de la Garenne et de défunte damoiselle Anne de François, demeurant à Nohan-les-Gracay ; — avec damoiselle Anne de Bonnault, fille du défunt Pierre de Bonnault, sieur de la Forest, et de damoiselle Jacqueline Goault.

Côté du mari :

Charles de Durbois escuyer seigneur des Touches, oncle ; — Charles de Durbois escuyer, son frère ; — Jean de François chevalier, seigneur de Pagnes, oncle maternel ; — Charles de Mareuil escuyer seigneur de Montifault, oncle maternel, à cause de demoiselle Marguerite de François, sa femme ; — Jean-Baptiste de la Chastre chevalier seigneur de Brullebault, marquis de Blou, cousin réméré de germain paternel ; — Louis de Bonnet escuyer sieur de la Roche-Aujon, cousin réméré de germain ; — François de Seneville escuyer sieur de Mérou, cousin maternel ; — François de Mareuil escuyer, cousin germain ; — François de Ceneuil, escuyer, sieur de Boisrinault ; — François de François, escuier, sieur de Vileme ; — François du Housset, escuyer, sieur de Rimbault ; — Marie de Thianges, épouse de M. des Touches.

Côté de la femme :

Charles de Bonnault escuyer sieur de la Forest, frère ; — André de Ponnard escuyer sieur de Crolais, à cause de Jeanne de Bonnault, sœur ; — François de Bonnault, escuyer, seigneur de Mery, et demoiselles Elisabeth et Marguerite de Bonnault, cousin et cousines germaines du coté paternel ; — Messire Pierre d'Orléans, chevalier, seigneur de Rere, Charmes, cousin germain, à cause de Catherine Le Chat, son épouse ; — Pierre d'Orleans, escuyer, cousin réméré de germain ; — Louis Ponnart, escuyer, sieur de Meault ; — François de François, sieur du Coudray.

Contrat passé au chastel de la Forest, le 14 avril 1671, devant Pierre Bonnet, notaire à Vierzon.

Cet acte de mariage se trouve sur les registres de la paroisse de Mery.

7° Jeanne qui épousa André de Ponnard, seigneur de Crolais. Voici l'analyse de ce contrat :

Contrat de mariage passé devant Martin Bailly, notaire royal, garde note héréditaire de Berry, résidant à Vierzon ; entre noble homme André de Ponnard, écuyer, seigneur de la Croulais, paroisse de Villegenon ; — et demoiselle Jeanne de Bonnault, fille de Pierre de Bonnault, ecuier, seigneur de la Forest, et de dame Jacqueline Goault, ses père et mère, demeurant à Mery sur Cher.

Côté du mari :

Louis de Ponnard, son frère ; — Etienne d'Aumon, ecuyer, son cousin ; — Jean de Sathenat, chevalier, seigneur du Mont, cousin ; — Louis de Sathenat, ecuyer, seigneur de Vangan.

Côté de la femme :

Guillaume et Charles de Bonnault, frères ; — Anne de Bonnault, sœur ; — Guillaume de Bonnault, écuier, oncle ; — François de Bonnault, ecuier, seigneur d'Andry ? cousin germain ; — Pierre d'Orléans, chevalier, seigneur de Rere, Charme, et dame Catherine Lechat, son épouse, cousin germain ; — Jean de Sathenat, chevalier, seigneur du Mont, et Elisabeth de Berthereau, son épouse, belle tante et cousine germaine maternelle, à cause de défunt Jean de Bonnault, seigneur de Mery ; — Jacques Salomon, seigneur de Creuzy, cousin germain ; — Louise de la Chesnaye, épouse de Louis de Bonnault, chevalier, seigneur de la Brosse, (c'est probablement lui qui fut capitaine dans le ban de la noblesse du Berry, et qui signa le certificat de libération délivré à Charles de Bonnault. Il est nommé dans le manuscrit de Lelarge, publié à Bourges en 1881, page 218.) ; — Dominique de Bazoge, ecuier, seigneur de Masine, cousins ; — Louis Pepin, ecuier,

seigneur de la Fontaine, cousin ; — Pierre d'Orleans,
cousin ; — Madeleine Richard, veuve de ....., seigneur
de Boismarteau ; — Anne du Breuil, épouse de Jean
de Boismarteau ; — Nicole Limozine, femme de noble
maître Adrien de Lauzon, conseiller du roi et son lieutenant général à Vierzon, alliés. 21 juillet 1663.

Document communiqué par le marquis de Boisé.

De ce mariage naquit Anne de Ponnard, mariée le
26 mai 1696 à Louis René de Menou, chevalier, seigneur de Champliraut, fils de Louis de Menou et de
Françoise de Monot. (Registres de la paroisse de
Mery.)

Neuvième degré. — CHARLES DE BONNAULT, chevalier, seigneur de la Forest, né le 13 décembre 1642,
comme le prouve son acte de baptême cité plus haut,
épousa le 19 février 1675 Anne Robert. Voici le résumé de ce contrat.

Contrat de mariage entre Charles de Bonnault,
escuyer, seigneur de la Forest, fils de défunt Pierre
de Bonnault, escuyer, seigneur de Mery et de Jacqueline Goault. — Le dit Pierre de Bonnault était fils de
François de Bonnault, escuyer ; le dit François fils de
Guillaume de Bonnault ; le dit Guillaume fils de Jean
de Bonnault, aussi tous écuyers et seigneurs de Mery.
— Avec damoiselle Anne Robert, fille de feu Edme
Robert, escuyer, conseiller du Roi et de damoiselle

Marie Chasseray, demeurant en la ville de Gien. La dite damoiselle Anne Robert, fille de feu Edme Robert, escuyer, conseiller du Roi, receveur du taillion de l'élection du dit Gien. Le dit Robert fils de Franço s Robert, aussi escuyer, conseiller du Roi, aussi receveur du taillon en l'élection de Gien et grainetier du grenier au sel du dit lieu. — Le dit François fils de Jacques Robert, escuyer, capitaine au régiment de Bourdillon et de dame Claudine Rousselot. Le dit Jacques Robert fils de Jacques Robert, vivant escuyer, sénateur au conseil souverain de Milan et de dame Anne Marchand. — Le dit Jacques Robert fils de Jean Robert, escuyer, et de dame Michel Bruneau. Le dit Jean Robert fils d'Antoine Robert, escuyer. conseiller et secrétaire du Roi et controleur général de la chambre aux deniers. — La dite damoiselle Marie Chasseray fille de noble homme François Chasseray, conseiller du Roi, lieutenant général au baillage et comté de Gien et de damoiselle Hélène Cheville. — Le dit Franço s Chasseray fils de Daniel Chasseray, conseiller du Roi et lieutenant général au baillage de Gien et de damoiselle Claude Ragut, sa femme.

Côté du mari :

François de Bonnault, escuyer, seigneur de Mery, cousin germain, et Anne Richard, sa femme. — Claude Salomon sieur de Fresne, et Jacques Salomon sieur de Creuzy, cousins germains du côté maternel, demeurant à Orléans. — Jean Gauthier Rossignol sieur de la Ronde, ami, et demoiselle Catherine Chasseray son épouse. — Damoiselle Marie Lemercier, amie.

Côté de la femme :

Jacques Robert, escuyer, conseiller du Roi, grainetier du grenier au sel de Gien. — Noble homme François Chasseray, lieutenant général au baillage de Gien, et damoiselle Itière Leberé, sa femme. — Noble Daniel Chasseray seigneur de la Gasselinière, conseiller du Roi, et Marie Bruere, son épouse, et noble Pierre Chasseray sieur des Beaux noirs, oncles maternels. — Maître Jules Chartier, maître de la garde chaumontaise forêt d'Orléans, grand oncle maternel à cause de damoiselle Gabrielle Chasseray, son épouse défunte. — François Robert, escuyer, sieur du Verger, cousin germain paternel. — Noble François Chasseray sieur du Bouchat, avocat au parlement. — Noble Jean Boitier sieur de Saint Georges, et demoiselle Marie Chasseray, son épouse. — Demoiselle Marie Chasseray, fille, ses cousins et cousines germaines du côté maternel. — Dame Jacqueline Popinereau veuve de maître Jean Galmet, vivant controleur de la maréchaussée de Gien, cousine ayant le germain sur le père de la future. — Maître Itier Galmet et Gabriel Chartier, avocats au parlement ; le dit sieur Galmet cousin germain du côté paternel, à cause de Marie Chartier, son épouse. — Marie Madeleine Galmet, sa cousine. — Maître Jacques Guyot, allié.

Ce contrat fut passé par devant François Chasseray, conseiller du Roi, lieutenal général civil et criminel particulier au baillage de Gien, et par devant Paul Forns, notaire au dit Gien, le 19 février 1675.

Charles obtint une sentence le maintenant dans son

droit de nommer un vicaire à la chapelle de Sainte
Catherine à Vierzon.

Charles de Bonnault seigneur de la Foret, avait en
sa qualité de patron et de fondateur, nommé Jean
Baptiste Simon, clerc tonsuré, au vicariat de la chapelle
Sainte Catherine à Vierzon, et cela au lieu et place de
François Gaston de Menou, clerc tonsuré du diocèse
d'Orléans, qui y avait renoncé. Anne de Bonnault, fille
aînée de feu François de Bonnault seigneur de Mery
avait prétendu que cette chapelle était à sa nomination ;
une sentence du baillage de Vierzon, en date du 22
décembre 1714, donna gain de cause à Charles de
Bonnault.

Cette vicairie avait été fondée dans l'église de
Vierzon par Guillaume de Reuilly, qui fut chancelier
du duc de Berry ; il avait spécifié que le titulaire en
serait nommé par les descendans des enfans de sa
nièce Catherine de Reuilly, ce qui eut lieu jusqu'à la
grande révolution. Le dernier membre de la famille
qui usa de ce droit, fut Marie de Bonnault, épouse de
M. de Francière. Le titre de fondation de cette chapelle avait été gravé sur pierre et scellé dans le mur,
où il existe encore à Vierson. Cette chapelle située sous
le jubé a été supprimée, lorsqu'il fut enlevé sous
Louis XV. La dotation consistait en une petite ferme
située près de Vierzon, et qui porte encore le nom de
la vicairie ; elle a été vendue révolutionnairement.
(Renseignements fournis par M. Mac-nab, petit-fils de
Marie de Bonnault, et qui l'a très-bien connue, il avait
20 ans lorsqu'elle est morte.) Voici l'inscription telle

qu'elle existe actuellement et telle qu'elle a été gravée
par le fondateur en 1409.

Ceste chapelle en reverance de Dieu et de la glo-
rieuse vierge sincte Katerine, par mestre Guillaume
de Ruilly chanone de Bourges, au quel la nominacion
et la presentacion du chapellain et vicaire dicelle appartient, et apres lui au plus prouchain de son lignage,
soit home ou fame et semblablement à leurs hoirs et
successeurs, et en defaut de lignage ou par négligence
de presenter, aux bourgeois de Virson et la collation
à mes seigneurs les arsevesques de Bourges, comme
plus à plain et contenu aux lettres de fondaison et
autres sur ce faict, en la quelle chapelle iceulz chapellains, vicaires ou leurs commis sont et seront per-
petuellement tenuz en la fin de chascune messe illec
fondee, en leur estat excepte de chesubles, et un chapellain ou clerc portant leau benoiste a devotement
prier Dieu en chantant à nocte en icelle chapelle sur
les corps pour les ames diceluy fondateur, Johanne
de la Forest sa mère, et autres leurs parens amis et
bienfaicteurs de la dite chapelle le repont, Deus qui
regis, le versel, vultu quoque propicio, loroison Domine
aure, et pareillement en celuy estat iront chanter devant le crux filz en la nef de leglise sur la grante timbe
de pierre ou gist et repose Guy de Ruilly pere du dit
fondateur, pour lame de lui et des dessus nommes le
respont et verset de, libera me, puis, de profundis et les
oroisons, inclina Domine Deus qui nos patrem et fide-
lium, et a voulu et ordonne le dit fondateur que pour
aid'er a dire et à chanter apres les dictes messes fon-

dees les repons verses et suffrages dessus de clercs par
la maniere qui sont ordonnez, soit baille et paye en la
fin diceulz, incontinent sur le lieu en la main du dit
chapellain ou clerc, pour la dite cause, deux deniers
tournois des rentes et revenus de la dicte chapelle par
les mains des chapellains vicaires dicelle ou de leurs
commis. Et supplie humblement le dit fondateur a
toutes gens quil leur plaise, considerens que tous
passerons de vie a trepassement prier à Dieu le tout
puissant pour les ames des dessus dis estre en la gloire
de paradis, en la quelle tous et toutes puissons par-
venir. Amen.

Au-dessous se trouve un écusson portant de .....
à deux chevrons de..... accompagnés de trois molettes
deux en chef, une en abime ; à gauche un autre écusson avec monogramme de Guillaume de Reuilly. G. R.
en caractères de la renaissance.

Charles obtint en 1703 une maintenue de noblesse
dont la teneur suit :

Veu par nous conseiller d'Etat et intendant de la
généralité d'Orléans, l'ordonnance de Monsieur de
Machaut, cy devant intendant de cette généralité, du
dix sept juin mil six cent soixante huit, rendue en
faveur de Pierre de Bonnault escuyer sieur de la
Forest, dans laquelle le dit Charles de Bonnault son
fils est énoncé, le contrat de mariage d'entre Charles
de Bonnault escuyer sieur de la Forest, et damoiselle
Anne Robert, en date du dix neuf fevrier mil six cent
soixante quinze, par le quel il justifie qu'il est fils de
Pierre de Bonnault. Desistement de M. François Fer-

rand chargé par Sa Majesté de la recherche des usurpateurs des titres de noblesse en cette généralité, conclusions du procureur du roy de la commission, au
quel le tout a éte communiqué, tout considéré.

Nous conseiller d'Etat et intendant sus dit, en conséquence de l'ordonnance de Monsieur de Machaut du
dit jour, dix sept juin mil six cent soixante huit, avons
déchargé le dit Charles de Bonnault de l'assignation
à luy donnée à la requeste du dit Ferrand, pour jouir
par luy, ses enfants nais et à naistre, en loyal mariage,
de tous les privilèges, honneurs et exemptions dont
jouissent tous les autres gentilshommes du royaume,
tant et si longuement qu'ils vivront noblement, et ne
feront acte dérogeant. Ce fait, les dites pièces ayant
esté paraphées de nostre secrétaire, ont esté rendues
au dit suppliant. Fait à Orleans le huit mars mil sept
cent trois.

                                JUBERT.

        Par monseigneur,   BECHADE.

L'ordonnance de l'intendant est précédée d'une supplique de Charles de Bonnault sieur de la Forest, qui
expose qu'il a figuré personnellement dans la maintenue de noblesse de 1668, comme troisième fils de
Pierre de Bonnault, et demande par conséquent à être
maintenu dans sa noblesse.

Enfin Charles de Bonnault fit plusieurs fois partie
du ban et de l'arrière ban de la province de Berry,
voici l'analyse des pièces qui y ont trait :

Je possède sur Charles de Bonnault seigneur de la
Foret, un grand nombre de pièces, presque toutes

cotées et paraphées, dans l'inventaire des papiers de famille de 1785 ; elles constatent qu'en vingt ans il fut appelé cinq fois à servir dans le ban de la noblesse du Berry et cela à ses frais, ce qui était une lourde charge pour un gentilhomme de province.

1° Année 1674.

1° Acte du 27 août 1674 portant notification à M. de Bonnaut qu'il fait partie du ban de la noblesse de Berry, pièce signée de Marcillac.

2° Acte du 10 septembre 1674, par le quel Charles de Bonnault déclare qu'il marche avec la noblesse de sa province.

3° Certificat de libération délivré à Charles de Bonnault. Metz, le 21 novembre 1674, signé le maréchal de Créquy.

4° Contrôle de la première compagnie où figure Charles de Bonnault, signé Turenne, et certificat de libération ensuite délivré à Charles de Bonnault, signé de Gamaches, commandant, et de Bonnau la Brosse premier chef d'escadron. Troyes, le 1er décembre 1674.

2° Année 1675.

1° Signification à Charles de Bonnault sieur de la Forest qu'il ait à payer 300 livres d'amende pour n'avoir pas paru au ban de la présente année.

2° Supplique de Charles de Bonnault pour être déchargé de la dite amende, attendu qu'il a servi l'année dernière. Ordonnance du procureur du roi qui le décharge de l'amende.

3° Année 1689.

1° Sommation faite au sieur de la Forest-Bonnault

de se rendre à Bourges le 20 avril pour procéder à la
nomination des officiers. 8 avril 1689, signé de Biet.

2° Sommation pour se trouver le 13 mai à Bourges
pour le 14 nommer trois gentilshommes expérimentés
aux armes pour faire la première montre. 21 avril 1689,
signé de Biet.

3° Sommation pour se trouver à Bourges le 13 mai.
21 avril 1689, signé Gaucourt.

4° Sommation de ne se rendre à Bourges que le 29
mai au lieu du 13. 7 mai 1689, signé Gaucourt.

5° Extrait du rôle de la noblesse du Berry, constatant que le sieur de la Forest Bonnault fait partie de la
première compagnie, 30 mai 1689, signé de Biet. Plus
bas notification est faite par huissier aux dames religieuses hospitalières de Vierzon que M. Charles de
Bonnault fait partie du ban, et que selon les ordonnances des rois de France, toutes les poursuites qui
pourraient être faites contre lui sont nulles.

6° Certificat de M. le comte de Gaucourt constatant
que Charles de Bonnault escuyer seigneur de la Forest
fait partie du ban de la noblesse du Berry. 30 mai 1689.
Gaucourt.

7° Certificat du 26 septembre 1689, signé Etienne de
la Marche baron de Fin, commandant du ban de la
noblesse du Berry, constatant que de Bonnault escuyer
seigneur de la Forest, a servi dans le ban de la province.

4° Année 1691.

1° Ordonnance à la requête du procureur du roi au
sieur de la Forest de se tenir prêt à partir dans le ban

de la noblesse du Berry. 6 avril 1691, signé de Biet.

2° Lettre du 6 avril du sieur de Gaucourt au sieur de Bonnault, pour lui annoncer qu'il fait partie du ban et qu'il doit se mettre en marche le 30 avril.

3° Sommation de se trouver à Bourges le 30 mai, pour passer la revue le 31 et partir le 1er juin. 17 mai 1691, signé François Guenois escuyer seigneur de Prunay et Morthomier.

4° Obligation par M. de Sainte-James de servir au lieu et place de M. de Bonnault, qui lui prête une jument pour faire la campagne. Puis reçu donné par M. de Sainte-James que M. de Bonnault lui a payé 40 livres, tandis que M. de Bonnault lui donne un reçu constatant qu'il lui a remis sa jument.

5° Certificat constatant que M. de Bonnault fait partie du ban de la province. Certificat signé de Gaucourt gouverneur du Berry, 1er juin 1691.

6° Certificat de libération délivré par le marquis de la Chastre Breulbautl commandant l'arrière ban de la noblesse du Berry. Angers 25 septembre 1689.

5° Année 1694.

Sommation à tous les nobles de la province de se trouver à Bourges le 15 mai 1694 pour partir le lendemain. 29 avril 1694, signé de Biet.

6° Année 1695.

1° Sommation donnée au sieur de Bonnault la Forest de se trouver le 23 mai à Bourges pour servir dans le ban de la noblesse. Signé de Biet, 16 mai 1695.

2° Promesse de M. de Durbois de servir au lieu et place de M. de Bonnault. Derrière cette promesse se

trouve un reçu sans date signé de Durbois, constatant
qu'il a reçu 160 livres de la part de M. de Bonnault
pour avoir servi à sa place dans le ban de la noblesse.

3° Certificat signé de Biet, attestant que le sieur de
Bonnault sert cette année dans le ban du Berry.
24 mai 1695.

4° Certificat signé du Saulzay, commandant la noblesse du Berry, constatant que messire Charles de
Bonnault chevalier seigneur de la Forest, sert dans le
ban de la noblesse. Gracay 27 mai 1695.

Nous ferons observer que presque tous ces certificats
sont revêtus du cachet de la personne qui les délivre.

Charles mourut le 29 mai 1716, et fut enterré à Méry,
comme le prouvent les registres de cette paroisse ;
les témoins furent François de Francière, seigneur de
Faix, Louis de Durbois seigneur de la Garenne, et
Réné Rossignol lieutenant général à Vierzon.

C'est lui qui racheta la terre de Mery pour l'em-
pêcher de sortir de la famille, comme nous l'avons vu
à l'article de François de Bonnault et d'Anne Richard,
sa femme.

Descendants :

1° Charles Robert qui suit et fut l'auteur d'une
branche qui s'éteignit dans les Francière, peu avant
la révolution.

2° Antoine, auteur de la branche d'où nous descendons.

3° Jacques Louis, écuyer seigneur des Deux Clodis,
épousa Hélène de Bonnafau, par contrat de mariage
du 23 mars 1722, dont voici le résumé :

Contrat de mariage entre Jacques Louis de Bonnault, escuyer seigneur des Deux Clodis, fils de defunt messire Charles de Bonnault, seigneur de la Forest, et de demoiselle Anne Robert, avec demoiselle Hélène de Bonnafau, fille de défunt Hippolyte de Bonnafau, escuyer seigneur de Saujon, et de dame Hélène de Doreulle.

Côté du mari :

Messire Antoine de Bonnault, chevalier seigneur de Méry, frère. — Messire Jean Louis de la Picardière, escuyer seigneur de Villemorand, ami.

Côté de la femme :

Messire François de Bonnafau, chevalier seigneur de Rioubert, frère. — Vénérable et discrète personne messire Hippolyte Gombaut, prêtre et curé de cette ville, et Pierre Pineau, avocat, amis.

Ce contrat est passé par devant François Galliot et Louis Debrinay, notaires royaux à Romorantin, le 23 mars 1722.

Louis mourut sans postérité, il était même décédé en 1728, comme le prouve le testament d'Anne de Bonnault, sa cousine, qui à cette date parle de sa veuve. Voici son acte de baptême que j'ai relevé sur les registres de la paroisse de Mery. Louis de Bonnault fils de Pierre Charles de Bonnault, ecuyer seigneur de la Foret, et de dame Anne Robert son épouse, né le 2 mars 1685, parrain Louis de Bonnault, seigneur de la Brosse, marraine Anne Goault, femme de feu Jacques de Berville, seigneur de la Fiance. Anne Goault fut enterrée à Mery, à l'âge de 75 ans, en août

1687 (Registres de la paroisse). La pauvre mère ne survécut que peu à la naissance de son fils, comme le prouve son acte de décès extrait des registres de la paroisse de Méry. Enterrement de dame Anne Robert, femme de Charles de Bonnault, âgée de 35 ans, en présence de Joachin de Durbois et de Jacques et François d'Orléans, seigneurs de Rére et Tracy, 10 avril 1685.

Les registres de la paroisse de Méry nous donnent les actes de baptême de quatre autres enfants de Charles de Bonnault, leur destinée nous est inconnue.

1° Baptême de Marie, fille de Charles de Bonnault, seigneur de la Foret, et d'Anne Robert, sa femme : parrain Guillaume de Bonnault, prieur de Méry ; marraine Marie Chasserat. 27 janvier 1676.

2° Baptême de Pierre, fils de messire Charles de Bonnault, seigneur de la Foret, et d'Anne Robert, son épouse ; parrain Pierre Chasserat, seigneur de Beauvoir ; marraine Jacqueline Goault, veuve de Pierre de Bonnault, seigneur de la Foret. 4 août 1679.

3° Baptême d'Anne Marie, fille de Charles de Bonnault, seigneur de la Foret, et d'Anne Robert, son épouse ; parrain Joachin de Durbois, seigneur de la Garenne ; marraine dame Marie Amyot. 23 février 1681.

4° Baptême de Catherine, fille de Charles de Bonnault, seigneur de la Foret, et d'Anne Robert, son épouse ; parrain François de Bonnault, seigneur de Méry ; marraine Catherine le Chat, femme de Pierre d'Orléans seigneur de Rere. 24 juillet 1682. La marraine était fille de Catherine de Bonnault, qui descendait de François de Bonnault et de Jeanne Girard, et avait épousé Gabriel le Chat, seigneur de Tracy.

Dixième degré. — CHARLES-ROBERT DE BONNAULT, chevalier, seigneur de la Rottière et de la Foret, est nommé dans la maintenue de noblesse délivrée à son père en 1703. Il obtint lui-même une maintenue en 1716. En voici la copie :

Inventaire des titres de noblesse que produit par devant vous, monseigneur l'intendant de la généralité de Berry, Charles Robert de Bonnault, escuyer, sieur de la Rottière, demeurant en la paroisse de Méry, élection de Romorantin, généralité d'Orléans, pour arrêter le cours des poursuites contre luy faictes à la requeste de M° François Ferrand, chargé de la recherche des usurpateurs du titre de noblesse, et sans vous approuver et juger. Aux fins que par votre ordonnance qui interviendra, le dit sieur Charles Robert de Bonnault soit maintenu dans le droit qu'il a de prendre la qualité d'escuyer, qu'il jouira des priviléges attribuez aux gentilshommes et que son nom sera inscrit au nobilier.

Généalogie du dit sieur Charles Robert de Bonnault. Charles Robert de Bonnault a épousé en premières nopces damoiselle Perpétue Gaucher, duquel mariage sont descendus Charles, Jean et Jacques Robert de Bonnault escuyers.

Et en secondes nopces, le dit sieur Charles Robert de Bonnault a épousé damoiselle Madeleine de Laujon. Le dit sieur Charles Robert de Bonnault est fils de Charles de Bonnault escuyer sieur de la Forest et de Anne Robert.

Le dit sieur Charles de Bonnault escuyer, sieur de la Forest, est fils de deffunt Pierre de Bonnault escuyer, sieur du dit lieu de la Forest, et de damoiselle Catherine Goault.

Ce qui suffit sans qu'il soit besoin de remonter plus haut aux termes de l'ordonnance de maintenue qui sera cy après produite.

Pourquoy, prouver pour le dict Charles de Bonnault escuyer, sieur de la Forest.

Produit la requeste par luy présentée à monsieur l'intendant au bas de laquelle est l'ordonnance de maintenue, rendue à son profict, le huit mars 1703, signée de monsieur Joubert pour lors intendant d'Orléans, et plus bas par mon dict seigneur Berzade cotée au dos par   A.

Pour le dict Charles Robert produit deux contracts attachez ensemble.

Le premier, en date du premier octobre 1701, est un extrait de son contract de mariage avec la dicte deffuncte damoiselle Perpétue Gaucher, passé en présence de Simon, nottaire à Vierzon, et de luy signé.

Le second, du 26 novembre 1715, est la grosse du contract de mariage que le dict sieur Charles Robert de Bonnault a contracté après le décès de la dicte dame Gaucher avec la dicte damoiselle Magdeleine de Laujon, reçu par le dict Simon, et de luy signé, et sont les dictes pièces cotées au dos par   B.

M. François Ferrand qui a pris communication des pièces mentionnez au présent inventaire, déclare qu'il ne veut contester la noblesse de Charles Robert de Bonnault, escuyer, sieur de la Rottière, le quel n'a esté contraint de rapporter ses titres par devant monseigneur l'intendant de cette généralité, qu'en consequence de son ordonnance du 4 janvier 1715, et attendu que le dit sieur de Bonnault a domicile en la ville de Vierzon, s'en rapportant le dit Ferrand à monseigneur l'intendant, d'ordonner ce que bon luy semblera. Fait à Bourges, le quatrieme may mil sept cent seize.

RAGUENET.

Veu les pièces mentionnées au dit inventaire, et la déclaration du dit Ferrand, attendu qu'il est suffisamment justifié que le dit sieur Charles Robert de Bonnault escuyer, sieur de la Rottière, et ses ancestres sont en possession de la noblesse, je n'empêche pour le roy que le dit sieur de Bonnault ne soit maintenu dans la jouissance des privilèges de noblesse, accordez aux gentilshommes de ce royaume, tant qu'il ne fera acte dérogeant. Fait à Bourges, ce quatre may mil sept cent seize.

GOUDNON.

Veu le present inventaire et les titres y enoncez, le desistement de M. François Ferrand, signé Raguenet, et conclusions cy dessus du procureur du roy de notre commission. *Nous* avons donné acte au dict sieur Charles Robert de Bonnault de la Rottière, de la re-

présentation de ses titres, le déclarons noble et de
noble extraction, et en conséquence ordonnons que
luy, ses enfans et postérité nais et à naistre en légitime mariage, jouiront des privilèges accordez à la
noblesse du royaume, tant qu'ils ne feront acte dérogeant; auquel effet le dit sieur de Bonnauc sera inscrit
au catalogue des gentilshommes de cette généralité,
qui doit este dressé en execution de la déclaration du
roy, du seize janvier mil sept cent quatorze. Fait par
nous maitre des requestes et intendant. Bourges le
vingt neuf may mil sept cent seize.

SOULLÉ DE MARTANGIS.

Par monseigneur.

Charles Robert fut marié deux fois; en 1701 il épousa
Perpétue Gaucher qui le rendit père de trois fils qui
sont nommés dans la maintenue de 1716. Voici l'analyse de son contrat de mariage :

Contrat de mariage entre Charles Robert de Bonnault, escuyer, fils de Charles de Bonnault, escuyer,
seigneur de la Forest, et de dame Anne Robert. Le dit
Charles fils de défunt Pierre de Bonnault, escuyer,
qui était fils de François de Bonnault, escuyer; le dit
François fils de Guillaume de Bonnault, escuyer, le dit
Guillaume fils de Jean de Bonnault, escuyer; et damoiselle Marie Perpétue Gaucher, fille de maistre Jean
Gaucher sieur de la Pinerie, conseiller et avocat du
roy au baillage et siége royal de Vierzon, et de damoiselle Marie Thérèse Charlemagne.

Côté du mari :

Anthoine de Bonnault, frère, prieur de Méry. —

Jacques Louis de Bonnault, escuyer, sieur de la Rote-
rière, frère. — Anne de Bonnault, femme de Joachin
de Durbois, escuyer, sieur de la Garenne, tante. —
Louis Réné de Menou, escuyer, sieur de Champlirault
et Anne de Ponnard, son épouse, cousine germaine
paternelle.

Côté de la femme :

Jacques Gaucher, prêtre. oncle. — Marie Rénée
Gaucher, tante, épouse de Réné François Bechereau
sieur de Touraille. — Béné Bechereau, cousin germain
paternel. — Françoise Drouet, épouse de Vincent
Charlemagne sieur de Chantaloue, cousin germain
maternel. — François Guymard, maistre écrivain à
Vierzon, et Madeleine Perinet, son épouse, amys.

Contrat passé devant Me Simon, notaire.

Vierzon, 1er octobre 1701.

En secondes noces il épousa Madeleine de Laujon
dont il n'eut pas de postérité. Son contrat passé en
novembre 1715 devant Simon, notaire à Vierzon (étude
de M. Fromont), porte qu'il est veuf de Perpétue Gaucher et qu'il est fils de Charles de Bonnault et défunte
Anne Robert ; la future, Madeleine de Laujon est fille
de défunt Adrien de Laujon, conseiller du roi, et de
Nicole Limousin. Dans la même étude, à la date du 24
mai 1714, j'ai relevé un acte par lequel Charles Robert
de Bonnault ayant la garde noble des enfans, issus de
son mariage avec Perpétue Gaucher, règle la fondation
d'une messe basse établie dans l'église des dames
religieuses du Saint Sépulcre de Vierzon, par Marie
Thérèse Charlemagne, ayeule maternelle de ses enfans.

Charles Robert de Bonnault, par contrat passé le
16 avril 1720, par devant Isaac Simon, notaire à Vierzon, fit acquisition de la métairie et du fief de Longuebourde, que lui vendit mademoiselle Monique de la
Boullaye, veuve d'Isaac Gaultier seigneur de Longuebourde, demeurant au lieu de la Poterie, paroisse de
Baigneux, la vente est faite moyennant 5,000 livres.
Cette propriété était un arrière fief du château de
Teillay, paroisse d'Orçai.

Descendants :

1° Charles, mort sans être marié, chez son neveu
de Francière, au château de Faix.

2° Jean, capitaine au régiment du roi, infanterie :
il épousa le 21 février 1735, Anne Guenois. Voici le
résumé de son contrat :

Contrat de mariage entre messire Jean de Bonnault,
escuyer, chevalier, capitaine au régiment du roi, infanterie, fils de messire Charles de Bonnault, seigneur
de la Forest, et de féue dame Marie Perpétue Gaucher, et demoiselle Anne Guenois, fille de feu messire
Joseph Guenois, escuyer, chevalier, seigneur de Prunay et Villemenard et d'Anne Madeleine Corbin.

Côté du mari :

Antoine de Bonnault, seigneur de Méry, oncle.

Côté de la femme :

Messire François Guenois, chevalier, seigneur
d'Houët. — Joseph et Robert Guenois, chevaliers, seigneurs de Prunay. — Messire Robert Labbe, chevalier,
seigneur de Champgrand, cousin germain. — Messire
Philippe Pierre Labbe, chevalier, son cousin issu de

germain. — Dame Marie Françoise Lefere, épouse du dit sieur Joseph Guenois. — Messire Robert Gassot, chevalier, seigneur de Soye. — Messire François Gassot, chevalier, seigneur de Rochefort. — Messire Gaspard Gassot, chevalier, seigneur de la Louze et Etrechy. — Messire Nicolas Gassot, chevalier, seigneur de Berliere. — Messire Charles Charlemagne de Berry. — Messire Charles Turpin, chevalier, seigneur de Saudre. — Marie Marguerite Mercier, veuve d'Etienne Baraton, seigneur de Dame. ses parens et amis. Bourges, le 21 février 1735.

Dans les papiers de la fabrique de Méry, nous voyons que sa veuve lègue cent livres aux pauvres de la paroisse ; la distribution en est faite le 18 avril 1763 ; nous y lisons les noms des pauvres, de plus nous y voyons qu'on avait acheté à M. de Francière 120 boisseaux de blé pour 50 livres. M. de Bonnault Villemenard possède un brevet de d'Hozier, en date du 11 septembre 1731, fixant les armes des Guenois.

3º Jacques Robert, qualifié seigneur de Longuebourde au contrat de mariage de Charles Antoine de Bonnault en 1751. Son article suit.

Onzième degré. — Jacques Robert de Bonnault, seigneur de Longuebourde, épousa le 21 novembre 1734 Marie Anne Marguerite de Villantroïs. Voici le résumé de ce contrat que M. Mac-Nab m'a communiqué.

Contrat de mariage passé par devant maitre Claude Guyard et Pierre François de Begues, notaires royaux à Romorantin, entre messire Jacques Robert de Bonnault, chevalier, seigneur de la Bisaage, fils de messire Charles Robert de Bonnault, chevalier, seigneur de la Foret, et de défunte dame Perpétue Gaucher ses père et mère, demeurant au château de la Foret, paroisse de Méry, et demoiselle Marianne Marguerite de Villantrois, fille de noble homme Jean de Villantrois, conseiller et procureur du roi au baillage de Romorantin, et subdélégué en l'intendance d'Orleans, pour la ville et election de Romorantin, et de dame Marguerite Pronard, ses père et mère, demeurant au dit Romorantin.

Côté du mari :

Messire Antoine de Bonnault, chevalier, seigneur de Mery, oncle paternel. — Messire Jean de Bonnault, chevalier, capitaine au régiment du roi, infanterie, frère. — Dame Marie Guenois, épouse de messire Antoine de Bonnault, tante.

Côté de la femme :

Messire Joseph Pronard, conseiller et avocat du roi au baillage de Romorantin, grand père. — Messire Jean Louis de la Précardiere, chevalier, seigneur de Villemorant, et dame Marguerite Pronard, son épouse. tante. — Demoiselles Marie Anne Angélique, et Jeanne de la Précardière, cousines germaines. — Catherine Langlois, veuve de maitre Jean Corbin, vivant grainetier au grenier à sel de Vierzon. — Dame Anne Berry, veuve de messire Isaac Louis Lauverjat, pro-

cureur du roi au baillage, grande tante. — Maitre
Antoine Lauverjat sieur de Launay, lieutenant du roi
en cette ville. — Urbain Lauverjat sieur de la Potterie.
— Marie Anne Eluine Gombaut, veuve de François
Lauverjat. — Anne Lauverjat, veuve d'Henri Quentin,
tous ses parens ayant le germain sur la dite future. —
Pierre Macé sieur des Couteaux, directeur des aides à
Bourges. — Demoiselle Elisabeth Macé, ses cousins. —
Messire Hypolite des Courdevaux, chevalier, seigneur
de Boislarg, ami. Romorantin, 21 novembre 1732.

C'est ce Jacques Robert de Bonnault, qui est dési-
gné comme disparu, dans l'inventaire des papiers de
famille, fait au château de la Foret, en 1785, par le
bailly de Vierzon, titre que je rapporte à l'article de
François Antoine de Bonnault. Au contraire, d'après
les souvenirs personnels de M. Mac-Nab, son arrière-
petit-fils, ce ne serait pas lui qui aurait disparu, mais
bien son fils Charles, qui était le frère de la grand'mère
de M. Mac-Nab, qui l'a très bien connu puisqu'il n'est
mort au château de la Forêt qu'en 1818. Son article
suit.

Descendants :

Charles, marié à mademoiselle Gassot de Deffend ;
à la suite du chagrin que lui causa la mort de sa
femme, il quitta la France sans donner son adresse,
puis la Révolution étant arrivée, il resta en Suisse, où
il épousa mademoiselle Porta, dont il n'eut pas d'enfant. Rentré en France, il mourut à Méry en 1818, et
a été enterré dans le cimetière, le long du mur de
l'église à droite de la porte d'entrée.

7

2° Marie, mariée le 3 septembre 1758, à Philippe de Francière, voici l'analyse de son contrat :

Contrat de mariage passé par devant Simon et son confrère, notaires, à Vierzon, entre messire Philippe-Nicolas de Francière, chevalier, seigneur de Faix, fils de défunt messire François de Francière, chevalier, seigneur de Faix, et de dame Jeanne Boullier. — Et Damoiselle Marie de Bonnault, fille de messire Jacques-Robert de Bonnault, chevalier, seigneur de la Forest, et de dame Marie-Anne-Marguerite de Villantrois, demeurant à Vierzon.

Côté du mari :

Marie-Madeleine Gibieuf, dame de Loye, veuve de messire François-Chistophe de Francière, chevalier, seigneur du Ratelay, tante par son mari. — Messire Charles-François de Francière, chevalier, seigneur du Coudray, Bourdoin, cousin-germain paternel, et Marie-Catherine Gibieuf, son épouse. — François Boullier Dubruzé, conseiller du roi et son procureur au siège de police de cette ville, oncle maternel. — François Gourdon, conseiller du roi et son procureur au siège de la maîtrise des eaux et forêts de cette ville, son curateur. — Messire Pièrre Gouffrin ?, chevalier, seigneur de la Vergne, lieutenant de milice, cousin-germain maternel. — Messire Jean-Louis Baudouin, chevalier, seigneur de Dornon, commissaire de marine, cousin du côté maternel. — Anne Baucheton, épouse du sieur Gourdon.

Côté de la femme :

Messire Jean-Charles de Bonnault, chevalier, son

frère. — Messire Charles de Bonnault, son oncle. — Marie-Anne Guénois, veuve de messire Jean de Bonnault, chevalier, seigneur de la Forest, tante paternelle à cause de son mari. — Messire Charles-Antoine de Bonnault, chevalier, seigneur de Méry, cousin ayant le germain et Marie-Madeleine de Rozemont, épouse du dit seigneur de Méry. — Messire Réné Béchereau, seigneur de Touraille, conseiller du roi, cousin du deux au quatrième degré paternel, et Anne Charrier, son épouse. — Louise Béchereau, veuve de messire Adrien de Laujon, conseiller du roi au baillage de Vierzon. — Demoiselle Madeleine Béchereau, cousine du trois au quatrième degré du côté paternel. — Messire Réné Béchereau de Théry, conseiller du roi, parent du trois au quatrième degré et Louise de Laujon, son épouse. — Demoiselles Marthe, Marguerite, Marie Anne, et Marie-Jeanne toutes les quatre, parentes au quatrième degré, du côté paternel. — Adrien Corbin, conseiller du roi, parent du trois au quatrième degré, du côté maternel, et Jeanne Langlois, son épouse, également parente du trois au quatrième degré. — Brunot Corbin, licencié ès-lois, parent maternel, du trois au quatrième degré. — Messire Jean-Charles du Theil, ancien capitaine de cavalerie, et Marie-Thérèse Corbin, son épouse, cousine du trois au quatrième degré. — Demoiselle Jeanne de la Pérardière de Vilmorant, cousine maternelle du deux au troisième degré. — Catherine Clerjant, veuve d'Etienne de Villantrois, cousin du deux au troisième degré maternel. —Jacques Auger, bourgeois, et Made-

leine Goffrinet, son épouse, parent au troisième degré
maternel. — Etienne Corbin de Grandchamp, conseiller
du roi, président au siège de l'élection de Bourges,
et damoiselle Catherine Corbin, sa sœur, parents au
troisième degré du côte maternel. — Jacques Robert
Bourdon des Crêtes, cousin issu de germain maternel. — Messire Michel Corbin, écuyer, gentilhomme
servant du roi, parent maternel du trois au quatre.
— Charles-Louis Geuffrin, receveur au grenier au sel
de cette ville, et Rose de la Haye, son épouse. —
Charles-François Trubert des Costes, contrôleur général du dixième, Marie-Louise Grace Goulard, son
épouse, parents et amis de la dite demoiselle.

Vierzon, le 3 septembre 1758.

C'est par elle que la terre de La Forêt sortit de la
famille de Bonnault. Elle eut une fille Henriette-Rose
de Francière, mariée le 5 novembre 1786 à Maurice de
Francière, son cousin, d'où sont issus :

1° Maurice de Francière, mort sans postérité ;

2° Marie-Rose-Anne, mariée le 1er mai 1810, à
Alexandre Mac-Nab ;

3° Clémentine, mariée à Charles-Noël de Besnard
de Saint-Loup, le 14 février 1813.

Branche cadette.

Dixième degré. — ANTOINE DE BONNAULT, chevalier, seigneur de Méry, deuxième fils de Charles de

Bonnault et d'Anne Robert de Livry, marié par contrat de mariage du 3 février 1719 à Marie Guenois de Prunay, voici le résumé de ce contrat :

Contrat de mariage entre messire Antoine de Bonnault, chevalier, seigneur de Méry, fils de défunt Charles de Bonnault, chevalier, seigneur du dit Méry et de La Forêt, et de dame Anne Robert. — Et damoiselle Marie Guenois, fille de Joseph Guenois, escuyer, seigneur de Prunay, Morthomier et Villemenard, conseiller au siège présidial de Bourges, et de dame Madeleine Corbin.

Côté du mari :

Messire Charles de Bonnault, chevalier, seigneur de La Forest, frère. — Marie de Bourdaloue, veuve de Charles le Fuzelier, chevalier, seigneur de Cormeray.

Côté de la femme :

Joseph Guenois, escuyer, sieur de La Salle. — Robert Guenois, escuyer, sieur de Morthonier. — Demoiselle Anne Guenois, frères et sœur. — Demoiselle Marie Corbin, tante maternelle. — François Guenois, escuyer, conseiller du roi, lieutenant au baillage de Bourges et Marie de Hiere, son épouse, oncle paternel. — Anne Chamillard, veuve de François Gassot, seigneur de Rochefort. — Robert Gassot, escuyer, seigneur des Aix. — François Gassot, escuyer, seigneur de Rochefort, cousins issus de germain. — Nicolas Thomas de la Thaumassière, escuyer, seigneur de Puyferrand, conseiller du roi. — Charles Turpin, chevalier, seigneur de Sauldre et Catherine Gassot, son épouse, tous cousins germains. — Nicolas Gassot.

escuyer, seigneur de Berlière et dame Anne de Beauvoir, son épouse, cousin germain. — Marie Mercier, veuve d'Etienne Baraton, seigneur de dame, conseiller au siège présidial de Bourges, cousine issue de germain. — Raymonde Brillant, épouse de François Baraton, seigneur de. Dame. — Etienne Gassot de Deffend, chanoine de l'église de Bourges. — Gaspard Gassot, escuyer, seigneur de la Louze et d'Etrechy, ses cousins. — Ce contrat est passé par devant Gabriel Bouffet, chevalier, seigneur de Monsange, conseiller du roi, son procureur général en Berry et devant Léclopé et Baillet, notaires royaux à Bourges, le 3 février 1719.

Antoine fut capitaine, voici le résumé de son brevet sur parchemin. Commission de capitaine dans le régiment d'infanterie de Luxembourg, vacante par l'abandonnement du capitaine Saint-Germain, donnée par Sa Majesté au sieur Bonnault, 8 juillet 1710, signé, Louis, plus bas par le roi Voglin.

Nous avons aussi les actes de baptême de trois de ses enfants, et un certificat de tonsure pour deux de ses fils.

Je possède encore le concernant :

Un acte de foi et hommage rendu par lui au roi.

Reconnaissance de foi et hommage par devant Charles Ruelle, notaire royal à Vierzon, rendu par messire Antoine de Bonnault, chevalier, seigneur de Méry sur Cher, en qualité d'héritier en partie de défunt messire Charles de Bonnault, son père, chevalier, seigneur de La Forêt et Méry, à Son Altesse, madame la princesse de Conty, à cause de la grosse tour de Vierzon, dont relevait la terre de Méry.

Suit une description de la terre de Méry et de toutes ses dépendances, qui comprennent plusieurs dîmes ; de plus, nous voyons, qu'il y a deux arrières fiefs : 1° celui de la Bruère, occupé par les dames hospitalières de Vierzon, 2° le fief de Chezaubricé également situé dans la paroisse de Méry, occupé par le sieur Delaujon. Vient ensuite une nomenclature des précédents aveux et dénombremens rendus par les sieurs de Méry au bureau des finances de Bourges : 22 mai 1539, la terre de Méry est appelée La Mothe d'Héry.

22 septembre 1528, reçu par Petit, notaire.

5 décembre 1577, reçu par Laujon, notaire.

14 août 1600.

22 mai 1666, puis en 1683, 1693 et en 1717.

Pour droit de rachat le sieur de Bonnault paie une année de revenu à la princesse de Conty.

13 juin 1730. Signé: RUELLE.

Un échange du 7 avril 1736 entre Antoine de Bonnault, chevalier, seigneur de Mery et Sylvain Renon, laboureur.

Une reconnaissance donnée par Thiébaut Perin, des terres qu'il tient de messire Antoine de Bonnault, chevalier, seigneur de Mery, Vierzon, 27 novembre 1737.

Concernant la famille Guénois, je possède un hommage rendu à messire François Guénois, chevalier, seigneur d'Houët (par qui cette propriété passa dans notre famille), demeurant à Bourges, paroisse du Fourchand, par Jean-Baptiste Bezard, prêtre, curé de

Saint-Caprais, pour des dîmes qu'il reconnaît tenir du seigneur d'Houët. Bourges, 24 décembre 1768, signé, Dumont, notaire royal.

Descendants :

1° Charles-Antoine, dont voici l'acte de baptême :

Extrait des registres baptistaires de la paroisse de Saint-Pierre le Puëllier de la ville de Bourges, pour l'an mil sept cent vingt.

Aujourd'hui 22 mars 1720, je, prestre-curé de Vierzon soussigné, ai baptisé par permission de M. le curé, Charles-Antoine, né le 20 du dit mois, fils légitime de messire Antoine de Bonnault, chevalier, seigneur de Mery, et de dame Marie Guénois ; a été parrain messire Charles Robert de Bonnault, chevalier, seigneur de La Forest et marraine dame Madeleine Corbin.

Signé : CORBIN, CARRÉ, pr. — R. DE BONNAULT.

Je soussigné prêtre-curé de Saint-Pierre le Puëllier, certifie l'extrait cy-dessus conforme à l'original.

Bourges, ce 12 août 1736.   DU VIVIER.

Le présent extrait, contresigné Le Veille, escuyer, seigneur de Clerandry faisant fonction de lieutenant-général.

Il fut l'auteur de la branche de Bonnault-Boisé, éteinte dans la personne de Constance de Bonnault qui épousa le marquis de Boisé.

2° François-Antoine, dont voici l'acte de naissance :

Le trentième jour de juillet, l'an 1721, a été baptisé par moy, prêtre, curé, soussigné, François-Antoine né le 28 du présent mois, fils légitime et jumeaux de

messire Antoine de Bonnault, chevalier, seigneur de
Mery, et de madame Marie Guenois de Prunay, son
épouse ; ont été ses parain et maraine, M. François
Guenois, escuyer, seigneur de Prunay, oncle maternel
et dame Madeleine de Laugon, épouse de M. Charles-
Robert de Bonnault, écuyer, seigneur de la Forest.
Lesquels ont signé avec moy. Le dit François-Antoine,
frère de Jarques-Antoine, baptisé hier, au rapport de
la sage-femme, est venu au monde le premier.

Signé : MADELEINE DE LAUGON.

GUENOIS DE PRUNAY. — SIMON, curé.

Il fut tonsuré en même temps que son frère, Jacques-
Antoine, mais rentra dans le monde et fut l'auteur de
la branche dont nous descendons.

3° Jacques-Antoine dont voici l'acte de baptême :

Le vingt-neufvième jour de juillet 1721, a eté baptisé
par moy, prêtre, curé, soussigné, Jacques-Antoine,
né d'hier, fils jumeaux de messire Antoine de Bonnault, chevalier, seigneur de Mery, et de dame Marie
Guenois de Prunay, son épouse. Ont été parein et
marraine, Jacques-Louis de Bonneault, seigneur des
dits Clodis, et demoiselle Anne Guenois de Prunay, sa
tante, qui ont signé avec moi. Anne Guenois. Jacques-
Louis de Bonnault, et Simon, curé.

Il fut tonsuré avec son frère François-Antoine,
comme le prouve le certificat suivant :

1° Certificat de tonsure délivré à Jacques-Antoine
de Bonnault, fils d'Antoine de Bonnault, escuyer, seigneur de Mery et de Marie Guenois de Prunay.

14 avril 1735.

Certificat de tonsure délivré le même jour à François-Antoine de Bonnault, frère du précédent.

Signé: DE LA ROCHEFOUCAULD,
Archevêque de Bourges.

Il devint chanoine de la cathédrale de Bourges et archidiacre de Buzançais.

Branche des Bonnault de Méry.

Onzième degré.—CHARLES-ANTOINE DE BONNAULT, chevalier, seigneur de Méry, épousa par contrat de mariage du 16 août 1751 Madeleine de Rozemont, voici l'analyse de ce contrat:

Contrat de mariage entre messire Charles-Antoine de Bonnault de Méry, chevalier, demeurant au château de Méry, fils de messire Antoine de Bonnault, chevalier, seigneur de Méry et de défunte dame Marie Guenois de Prunay, demeurant au château de Mery. Lequel Antoine est fils de Charles de Bonnault et de dame Robert, lequel Charles était fils de Pierre de Bonnault et de dame Jacqueline Goault, lequel Pierre était fils de François de Bonrault et de dame Jeanne Girard, lequel François était fils de Guillaume de Bonnault et de Catherine Brunet, lequel Guillaume était fils de Jean de Bonnault et de Catherine de Reuilly, tous successivement de père en fils, seigneurs de Mery; et Marie-Madeleine de Rozemont, fille de défunt messire Jacques de Rozemont, chevalier, sei-

gneur de Boncœur et Boucherotte, et de dame Marie
Galmet, sa veuve, demeurant à Gien.

Côté du mari :

Messire Jacques-Antoine de Bonnault, prêtre, chanoine, docteur en théologie à l'université de Bourges,
son frère. — Messire Jacques-Robert de Bonnault,
chevalier, seigneur de Longuebourde, son cousin germain, demeurant à Vierzon. — Pierre-Etienne d'Orléans, chevalier, seigneur de Charnay, son cousin. —
Dame Marie-Jeanne d'Ismay, épouse du dit sieur
Bailly.

Côté de la femme :

Catherine, Marguerite, Anne de Rozemont, ses
sœurs. — Itier Galmet, bourgeois, oncle. — Galmet
François, conseiller du roi, oncle, et Marie-Claude
Brouard, son épouse. — Galmet Catherine, tante. —
Marie-Catherine et Catherine-Claude Galmet, filles de
François Galmet, cousines germaines. — Marie-
Claude-Françoise Janson de la Lande, amie. — Marie-
Anne de Suleau, grande tante à cause de son mari
défunt, Etienne Téphineau des Hastes, conseiller du
roi au baillage de Gien. — Marie-Anne, Anne-Cathe-
rine et Jeanne Téphineau des Hastes, cousines. —
Gabriel Pommereau, conseiller du roi en l'élection de
Gien, grand oncle à cause de Marie-Madeleine Téphi-
neau, son épouse. — Madeleine de Feronville, veuve
de Jacques-François Rapin, cousine et marraine. —
Charles-Alexandre Lemaigre, sieur de Saint-Maurice
et Croisy.—Jean-Louis Jeanson, sieur de Couët, amis.

Contrat passé à Gien devant Jean Bonnardol, con-

seiler du roi, lieutenant-général civil et criminel, etc.,
au baillage de Gien, et devant maîtres Mengin et
Thomas, notaires, au dit lieu.

Le 16 août 1751.

Charles-Antoine figure à l'inventaire des papiers de
famille fait par le bailli de Vierzon en 1785, c'est
même à lui qu'ils sont remis, comme aîné de la famille.

Nous le voyons transiger avec M. de Rivière, tant
pour lui que pour ses frères.

Transaction entre M. Charles-Jean de Rivière, chevalier, seigneur de Riffardeau, exerçant les droits de
madame de Rivière, son épouse, ci-devant veuve de
M. de La Fond, et M. Charles-Antoine de Bonnault,
chevalier, demeurant à Méry, tant pour lui, que pour
ses frères Jacques-Antoine de Bonnault, prêtre, docteur en théologie, chanoine de la cathédrale de
Bourges, et François-Antoine de Bonnault, chevalier.

La transaction a lieu au sujet de la dîme de Riffardeau.

La Beuveriere?, 1750.   DE BONNAULT DE MERY.

                    DE RIVIÈRE DE RIFFARDEAU.

Charles-Antoine mourut à Vierzon le 16 thermidor
an XIII.

Il n'eut qu'un fils qui suit.

Douzième degré. — JACQUES-CHARLES-ANTOINE-
ROBERT DE BONNAULT, qui fut page du duc de Pon-
thièvre et chevalier de Saint-Louis; il émigra et servit

à l'armée des princes, comme le prouve le certificat
qui lui fut délivré, et que voici:

Vérification faite des registres de l'armée de Condé,
il résulte que M. de Méry, ancien mousquetaire de la
garde du roi.

1° A émigré en 1792.

2° A fait cette campagne à l'armée des princes, frères
de Louis XVI.

3° A rejoint l'armée de Condé au mois de février
1793, y a été présent jusqu'au 20 mai 1800, alors il prit
un congé pour se rendre à Hambourg.

4° Qu'il a fait la campagne de 1793, 1794, 1795, 1796.
1797, dans la cavalerie noble, compagnie de Lansalut,
et celles de 1798, 1799 et 1800 dans le régiment noble
à cheval d'Angoulème.

Le secrétaire des commandements de Son Altesse
Monseigneur le prince de Condé.

Palais Bourbon, le 20 avril 1816.

Le chevalier DE FEBVREL.

Il épousa Marie-Suzanne-Claude de Boisé, voici
l'analyse de son contrat:

Contrat de mariage passé devant Me Moreau, notaire
royal, à Chateauroux, (successeur Me Villepelet).

Entre haut et puissant seigneur Jacques-Robert-
Antoine de Bonnault, chevalier, fils de haut et puissant seigneur, M. Charles-Antoine de Bonnault, chevalier, seigneur de Méry, Morthonier, Prunay et
autres lieux, et de feue haute et puissante dame Marie-
Madeleine de Rozemont, demeurant au château de
Méry, pres Vierzon. Et demoiselle Marie-Suzanne-

Claude de Boisé, fille de haut et puissant seigneur Jean-Charles-Honoré de Boisé de Courcenay, ancien capitaine d'infanterie, marquis de Fernoel, baron de Chaume et de Vilautré, seigneur de Boisé, Courcenay, Beauregard, la Feuge, Marcillat et autres lieux, et de haute et puissante dame Henriette-Marguerite de Chambon, son épouse.

Côté du mari :

Charles-Antoine de Bonnault, chevalier, père. — François-Antoine de Bonnault, chevalier, vicomte de Saint-Germain, seigneur d'Houët, la Bergerie, Villemenard et autres lieux, demeurant à Bourges, paroisse de Fourchault, oncle. — Jean-Henri de Bonnault de Villemenard, officier au régiment de Mestre camp dragon, cousin germain. — François-Jacques de Durbois, ancien capitaine de cavalerie, seigneur de Luay, cousin.

Côté de la femme :

Claude, marquis de Boisé, lieutenant des maréchaux de France, chevalier de Saint-Louis, cousin ayant le germain. — Claude, comte de Boisé, seigneur de Diors, et madame Marie Roger Gabrielle de Cugnac de Dampierre, son épouse, oncle et tante. — Guillaume de Boisé, abbé commanditaire de Villemagne Largentière, son cousin ayant le germain. — Jean-François, marquis de Rochedragon, chevalier honoraire de l'ordre de Malte, chevalier de Saint-Louis, mestre de camp, commandant du régiment d'infanterie, maréchal de Turenne, parent maternel.

12 mai 1782.

Il mourut le 21 janvier 1821, comme le porte sa tombe qui se trouve dans le cimetière de Méry, en face du portail de l'église.

Il eut plusieurs enfants morts en bas âge ; sa fille Constance-Catherine, née le 28 août 1785, morte en 1841, fut la seule qui se maria ; elle épousa en 1801 le marquis de Boisé Courcenay, frère de sa mère, voici le résumé de leur contrat de mariage.

Contrat de mariage passé devant Mᵉ Moreau, notaire, à Indre, libre, (Chateauroux). Entre Claude-Guillaume de Boisé de Courcenay, demeurant à Beauregard, commune de Velles, fils majeur de dame Henriette-Marguerite de Chambon, épouse non commune de Jean-François de Rochedragon (en secondes noces), et de feu Jean-Charles-Honoré de Boisé de Courcenay. Et Catherine-Constance de Bonnault de Méry, fille de Jacques-Charles-Antoine-Robert de Bonnault de Méry, soupçonné d'émigration, et de Marie-Suzanne-Claude de Boisé de Courcenay, son épouse.

Côté du mari :

La citoyenne Suzanne de Boisé, ex-religieuse, tante. — Gabrielle de Bertrand. — Dame Henriette de Bosredon, veuve Bertrand de Pouligny, ses parents.

Côté de la femme.

Le citoyen Charles-Antoine de Bonnault, ayeul. — Le citoyen Joseph de Bonnault d'Houët, cousin ayant le germain. — Le citoyen Antoine-Charles de Bonnault de Villemenard, cousin.

9 Prairial an IX (1801).

Le père de la future, blessé à l'armée de Condé, était

alors à Hambourg. Nous ferons observer qu'aucun titre n'existe dans ce contrat, les titres de noblesse ayant été abolis par la Révolution.

De cette union naquirent :

1º Marie-Henri-Charles-Ernest, né le 8 septembre 1802.

2º Jean-Baptiste-Marie-Félix-Stanislas, né en 1804, mort en 1879. Ce dernier, par acte passé par devant Mᵉ Manceron, notaire, à Vierzon, le 30 janvier 1850, vendit à M. Pinaud, pour le prix de 280,640 francs, la terre de Méry qui, depuis 1515, se trouvait dans la famille de Bonnault, par suite du mariage de Catherine de Reuilly avec Jean de Bonnault.

Onzième degré. — FRANÇOIS-ANTOINE DE BONNAULT, chevalier, seigneur de Villemenard, Houët, vicomte de Saint-Germain, épousa, par contrat de mariage du 9 juin 1749, Anne-Catherine Turpin, fille de Charles Turpin, chevalier, seigneur de Saudre, et de Anne Corbin ; en voici l'analyse :

Contrat de mariage entre François-Antoine de Bonnault, chevalier, seigneur de la Vevre, fils de messire Antoine de Bonnault, chevalier, seigneur de Méry et de défunte dame Marie Guenois de Prunay, demeurant au château de Méry. Et demoiselle Anne-Catherine Turpin de Saudre, fille de messire Charles Turpin, chevalier, seigneur de Saudre, et de dame Marie-Catherine Gassot, demeurant au château de Saudre, paroisse de Barlieu.

Côté du mari :

Messire François Guenois, chevalier, seigneur d'Houët, oncle maternel. — Messire Charles-Antoine de Bonnault, chevalier, seigneur de Mery. — Messire Jacques-Antoine de Bonnault, prêtre, chanoine à Bourges, frères. — Messire Nicolas-Joseph Guenois, chevalier, seigneur de Villemenard et messire Robert Guenois, chevalier, seigneur de Prunay, oncles maternels. — Robert Guenois, chevalier, cousin germain. — Messire Louis Dumon, chevalier, seigneur de Mannay et des Charlemagne et de Villecomte, chanoine de l'église de Bourges. — Dame Jeanne Heurtaut, veuve de M. Eme Enjorrand, chevalier, seigneur de la Croix de Neuilly. — Jean-Pierre Tristant, chevalier, seigneur de Saint-Amand, ses parens.

Côté de la femme :

Antoine Turpin, chevalier, seigneur de l'Epinière, oncle paternel, et dame Catherine Ruelle, son épouse. — Messire Nicolas Gassos de Berlière, chevalier, seigneur du Plotel et Ferolles, Anne de Beauvoir, son épouse, oncle maternel. — Réné Gassot, chevalier, seigneur du Courpoy et de Ferolles, cousin germain. — Messire Claude Betnaud, escuyer, seigneur de Nohant ; Marie-Anne Corbin, son épouse, sœur utérine. — Madeleine Bongard, veuve de messire Antoine Agard, chevalier, marquis de Morogues. — Messire Pierre-Antoine Agard, chevalier, marquis de Maupas, et dame Cailleteau, son épouse. — Pierre Belneau, chevalier, seigneur de Rozay, Marie Belneau, son épouse. — Labbe chevalier, seigneur de Champgrand, et dame Agard, son épouse. — Messire Louis de Buis, chevalier, seigneur des Preaux, dame Catherine Belneau, son épouse. — Richard Benoist Triboudet, conseiller du roi, et Marie Jean, son épouse. — Mademoiselle Françoise-Charlotte Triboudet. —Gaspard Gassot, chevalier, seigneur de la Louze. — Etienne Gassot, chevalier, seigneur de Bouchetin. — François Thomas, escuyer, seigneur des Colombiers, et dame Jeanne Rose Gassot, son épouse. — François-Clément Gassot, chevalier, seigneur de la Vienne, dame Jeanne Lebegue, son épouse. — Etienne Gassot de la Vernuse, chanoine de l'église de Bourges. — Etienne Gassot, chevalier, seigneur de Deffend et Rose Moreau, son épouse, tous parens et amis.

Contrat passé à Bourges devant Réné-Vincent Soumart des Forges, conseiller du roi, garde scel au baillage de Bourges, et devant Dumont et Lecloppé, notaires en cette ville.

Le 9 juin 1749.

Voici une pièce qui concerne les Corbin. Titre sur parchemin confirmant dans sa noblesse, Etienne Corbin, chanoine de l'église de Bourges, fils de Corbin des Chaumes et petit-fils d'Etienne Corbin, sieur de la Renauderie, l'un des échevins de Bourges en 1651. Il est taxé pour cette confirmation à 200 livres. Paris, 15 juillet 1592. Signé: de Frémont, conseiller du roi.

Pièces concernant spécialement François-Antoine de Bonnault:

1° Transaction entre madame de la Thaumassière Damours et madame Turpin de Bonnault, concernant la succession de Marie-Anne Corbin, dont elles héritaient toutes deux. Bourges, 10 novembre 1766.

2° Acte de foi et hommage rendu au comte d'Artois.

Foi et hommage rendu par messire François-Antoine de Bonnault, chevalier, seigneur, vicomte de Villemenard, représenté par Pierre Faibesse, bourgeois de Paris, à François Bastard, conseiller d'Etat, ancien premier président du Parlement de Toulouse, chef du conseil de Charles-Philippe, fils de France, frère du roi, comte d'Artois, pour la dîme de Paudy, dans la paroisse de Sainte Thorette, que M. de Bonnault et Catherine Turpin, son épouse, avaient achetée le 26 août 1767, de dame Catherine Thomas de la Thaumassière, veuve de messire Etienne d'Amours.

Paris, 19 décembre 1777.   Signé : BASTARD.

Par Monseigneur   BECKVELT.

3° Pièce très curieuse que j'ai transcrite en entier, et qui constate que Charles-Antoine de Bonnault de Méry et François-Antoine de Bonnault, vicomte de Villemenard ont fait faire un inventaire des papiers de la famille de Bonnault à la suite de la disparition de Jacques-Robert de Bonnault.

Aujourd'hui 18 janvier 1785, huit heures dn matin, nous Jean-Réné de la Varenne, sieur des Verdeaux, conseiller du roi, et de Monseigneur, comte d'Artois, lieutenant particulier au baillage royal de Vierzon, expédiant pour l'absence de monsieur le lieutenant-géneral, nous sommes transportés avec le procureur du roy et notre greffier, assisté de Louis Chard, huissier audiencier à la maîtrise des eaux et forêts de cette

ville, à la conduite de maître Pierre-Joseph Berthon,
procureur de messire Charles-Antoine de Bonnault,
chevalier, seigneur de Mery, au château de la Forest,
paroisse de Mery, de notre demeure de deux lieux ou
environ, cy devant occupé par messire Jacques-Rober
de Bonnault, chevalier, seigneur du dit châteaux de la
Forest, absent du royaume depuis longtemps pour en
exécution de notre ordonnance au jour d'hier, étant
au bas de la requête à nous présentée par le dit messire Charles-Antoine de Bonnault, faire la visitation
des titres qui se trouveront dans les fermetures du dit
château, qui regardent la famille des dits sieurs. Où
étant arrivés, avons, en la présence du dit sieur de
Bonnaux, et de messire François-Antoine de Bonnaux, chevalier, seigneur, vicomte de Villemenard, et
de Saint-Germain du Puits, aussi partie et requérant,
procédé à la description des titres de famille déposés
entre les mains du dit sieur de Bonnaux, absent, à
l'effet de quoy avons interpellé Anne Binard, domestique du dit château de nous faire ouverture des
portes et autres fermetures qui peuvent nous être nécessaires pour la dite opération. Laquelle Anne Binard,
nous a conduit d'abord dans une chambre dont les
ouvertures donnent sur la cour du dit château, à
l'extrémité duquel à côté gauche ne s'est trouvé aucune fermeture propre à contenir des papiers ; de là
sommes passé dans une entrée où se trouve la porte
d'un cabinet, dans lequel, la dite Binard nous a déclaré qu'étaient les papiers du sieur de Bonnau, dont
elle n'a point la clef. Sur quoi ce requérant les dits

sieurs de Bonnault et du consentement du dit procureur du roy, avons nommé la personne de François
Jourdin, maître serrurier, amené avec nous en cas de
refus, que nous avons commis pour faire l'ouverture
de la dite porte. Lequel à l'instant l'ayant fait, sommes
entré, accompagné comme dessus, dans le dit cabinet
dont la croisée donne sur le jardin. Et dans iceluy
s'est trouvé une armoire à deux battants, fermant à
clef. La clef y étant, que nous avons ouverte et dans
laquelle se trouve, premièrement une ordonnance
de monsieur l'intendant de Berry confirmatif de la
noblesse de Charles-Robert de Bonnaut, escuier, seigneur de la Rattière et de ses descendans, en date du
vingt-neuf mai mil sept cent seize, paraphé par notre
greffier et coté au dos de la lettre A.

Plus une commission de capitaine de la compagnie
des grenadiers, accordée au sieur Debonnaut des
Gastières, en date du huit juin mil six cent soixante-
seize, paraphée par notre greffier et cotée au dos de
la lettre B.

Plus une ordonnance de M. l'intendant, confirma-
tive de la noblesse de Charles de Bonnault, seigneur
de la Forêt et de ses enfans nés et à naître, en date du
huit mars mil sept cent trois, paraphée par notre greffier en sa fin et cotée au dos de la lettre C.

Plus une lettre du roi en forme de sauvegarde, qui
attribue la qualité de seigneur de Méry ; le quinze
juillet mil cinq cent soixante cinq, paraphée en la fin,
cotée au dos à la lettre D.

Plus une procuration donnée par Jean de Bonnaut.

valet ordinaire de la chambre du roi, paraphée en sa fin, et cotée au dos de la lettre E.

Plus la grosse du contrat de mariage entre Charles de Bonnault, escuyer, seigneur de la Forêt, et demoiselle Anne-Robert, le dix-neuf février seize cent soixante-quinze, paraphée par notre greffier en sa fin, et cotée au dos de la lettre F.

Plus la grosse d'un contrat portant partage entre Guillemette de Bonnault, fille de Jean de Bonnault et de Catherine de Reuilly, épouse de Godefroy de Bourdesol, de mil cinq cent quatre-vingt-treize, paraphée en sa fin et cotée au dos de la lettre G.

Plus la copie du contrat de mariage entre Joachim de Durbois, fils de François de Durbois, escuyer, seigneur de la Garenne, et d'Anne de Bonnault, fille de défunt Pierre de Bonnaut, vivant escuyer, seigneur de la Forêt, devant Bonet, notaire royal, à Vierzon, le quatorze avril mil six cent soixante-et-onze, paraphé à la fin, coté au dos H.

Plus la grosse du contrat de mariage entre François de Bonnault et Françoise Girard, le vingt-quatre septembre quinze cent quatre-vingt huit, paraphée et cotée au dos de la lettre I.

Plus la grosse du contrat de mariage de Pierre de Bonnaut et de Jacqueline Gance (Goault), du dix-huit novembre mil six cent vingt-huit, paraphé en sa fin et coté au dos de la lettre L.

Plus un certificat du sieur Claude de Biet, chevalier, seigneur, baron de Maubranche, lieutenant général au baillage de Bourges, portant que le sieur de la Forest-

Bonnault est au ban de cette province ; en date du vingt-quatre mai mil six cent quatre-vingt-quinze, signé de Biet et muni de ses armes, paraphé au bas et coté au dos de la lettre M.

Plus un certificat de M. Guillaume de Sauzay, commandant la noblesse de la province de Berry, portant, que Charles de Bonnault, chevalier, seigneur de la Forest sert dans le ban de la dite province, en date du vingt-six mai mil six cent quatre-vingt-quinze, signé, de Sauzay et muni du sceau de ses armes, paraphé par notre greffier et coté de la lettre N.

Plus une ordonnance sur papier timbré, par monsieur le lieutenant général de Bourges, au sieur Bonnault, de sa part, de se rendre avec l'équipage d'armes et de chevaux marqués par les reglemens, en date du seize mai mil six cent quatre-vingt-quinze, cotée au dos de la lettre O.

Plus un engagement de la part du sieur de Durbois, de servir au lieu et place du sieur de Bonnault, en date du vingt-sept mai mil six cent quatre-vingt-quinze, signé de Durbois, paraphé par notre greffier et coté au dos de la lettre P.

Plus la grosse de la soumission faite au greffe du baillage royal de Bourges le dix-sept septembre mil six cent soixante-quatorze, par Charles de Bonnault, sieur de la Forêt, de servir le ban de cette province, paraphé au bas par notre greffier et coté au dos de sa main de la lettre Q.

Plus un extrait d'acte par lequel la qualité de seigneur de Meri est accordée au propriétaire de cette terre,. en date du vingt-sept aoust mil cinq cent quatre-vingt-dix-sept, paraphé de la main de notre greffier, et de luy coté au dos de la lettre R.

Plus une ordonnance du sieur lieutenant général de Bourges, pour être enrôlé au service du ban, du vingt-neuf avril seize cent quatre-vingt-quatorze, paraphé au bas, et coté au dos de la lettre S.

Plus un congé de M. de Gamache pour le ban du Berry à Charles de Bonnault, en date du premier décembre mil six cent soixante-quatorze, coté au dos de la lettre T.

Plus des exploits pour aller au ban en date du premier avril mil six cent soixante-quatorze à Charles de Bonnaut, seigneur de la Forêt, paraphé par notre greffier et de luy coté au dos de la lettre V.

Plus un certificat de congé donné par le maréchal de Créquy, pour service fait durant le ban à Charles de Bonnaul, en date du vingt et un novembre mil six cent soixante-quatorze, paraphé, coté au dos de la lettre Y.

Plus une assignation, donnée au même pour le ban, en date du vingt et un avril mil six cent quatre-vingt-dix-neuf, cotée au dos de la lettre Z.

Plus, autres assignations données au même, pour service du roi en date du sept mai mil six cent quatre-vingt-neuf, coté au dos de la lettre AA.

Plus une lettre du six avril mil six cent quatre-vingt-'unze au même pour service, coté de la lettre BB.

Plus un certificat pour le service du ban de l'année mil six cent quatre-vingt-unze, coté au dos de la lettre CC.

Plus la grosse d'une reddition de compte, rendue par François Bonnault au nom de curateur de ses frères par devant nous le vingt décembre mil six cent vingt-sept, cotée au dos de la lettre DD.

Plus la grosse d'une foi et hommage, par Charles de Bonnault, sieur de la Forêt à messieurs les trésoriers de France le treize juillet mil six cent quatre-vingt, cotée au dos de la lettre EE.

Plus la grosse d'une foi et hommage rendue par le même au même siége pour les maiteries des deux Claudis en date du dix-huit mars mil six cent soixante-dix-neuf, cotée au dos de la lettre double FF.

Plus un brevet de gentilhomme, servant de Sa Majesté, pour Guillaume de Bonnault, enseigne des gendarmes, du quatorze août mil six cent soixante-quinze, coté au dos de la lettre double GG.

Plus la grosse d'un aveu et dénombrement au bureau des finances de Bourges, par Charles Debonnault, pour le fief de la Forêt, le vingt-six août mil six cent soixante-treize, coté au dos de la lettre double HH.

Plus un acte de foi et hommage fait par le même au dit bureau pour le même fief que dessus, en date du neuf juin mil six cent soixante tro's, coté au dos de la lettre JJ.

Plus un autre aveu et dénombrement du fief de la Forêt par le dit Charles de Bonnault, en date du sept mai mil six cent soixante neuf, et faict hommage la même année par Pierre de Bonnault, coté au dos de la lettre double LL.

Plus un brevet de gentilhomme, servant pour le

sieur de Bonnaul, le vingt-neuf mai mil six cent quatre, coté au dos de la lettre double MM.

Plus un inventaire pour messieurs de Bonnaul, par monsieur de Machaut, le sept juin mil six cent soixante-huit, coté au dos de la lettre NN.

Plus la grosse du contrat de mariage entre François de Bonnaul et Anne Richard, du deux février mil six cent soixante-deux, coté au dos de la lettre double PP.

Plus l'expédition d'un aveu et dénombrement de Jacques de Bonnault, du dix-neuf janvier mil six cent quatre-vingt-treize, coté au dos de la lettre QQ.

Plus la grosse du contrat de mariage entre Jean de Bonnault et Elisabeth Bertheraut, du vingt-cinq août mil six cent vingt-sept, coté au dos de la lettre RR.

Plus la grosse du partage entre Guillaumont de Bonnault, epouse de M. Godefroy de Bourdesolle, avec Catherine Reuilly, en date du huit août mil six cent quarante et un. (Il y a là certainement une erreur, Catherine de Reuilly était morte depuis longtemps), coté au dos de la lettre double SS.

Plus la grosse d'un aveu et dénombrement rendu au roi par François de Bonnault, en mil six cent seize, coté au dos de la lettre TT.

Plus la grosse du contrat de mariage entre Guillaume de Bonnaul et Marie Brunet, du dix-neuf juin mil six cent cinquante, coté au dos de la lettre double VV.

Plus la grosse d'un aveu et dénombrement de Pierre de Bonnaut du cinq février mil six cent quarante et un, coté au dos de la lettre YY.

Plus un acte d'anoblissement de messieurs de Reuilly, en latin, du mois de mai treize cent quatre-vingt-dix-huit, en parchemin, alisé et en lambeaux, coté au dos de la lettre ZZ.

Plus la grosse d'une foi et hommage, du premier février mil sept cent trente-huit, cotée au dos de la lettre triple AAA.

Plus la grosse d'une foi et hommage par Charles-Robert de Bonnault, en mil sept cent treize, cotée au dos de la lettre triple BBB.

Plus la grosse d'un aveu et dénombrement rendu par Pierre de Bonnault, du fief de la Forêt, du trois février mil sept cent quarante, coté au dos de la lettre CCC.

Plus une expédition d'un aveu et dénombrement rendu par Charles de Bonnault, le douze février mil six cent soixante-dix-sept, coté de la lettre triple DDD.

Plus un acte d'assemblée tenue en la ville d'Issoudun, pour Guillaume de Bonnault, gouverneur de la dite ville, sans nom d'année et de mois, attendu que le premier feuillet manque, coté de la lettre triple EEE.

Plus une lettre d'Henri trois au sieur de Bonnault, pour mettre hors de la ville d'Issoudun les soldats qu'il y avait fait entrer, en date du quinze juin mil six cent quatre-vingt-cinq, coté au dos de la lettre triple FFF.

Plus un règlement pour les honneurs de l'église de Méry, entre le sieur de Bonnaut et de la Bruyère, en date du dix-huit octobre mil six cent treize, coté au dos de la lettre triple GGG.

Plus une lettre du maréchal de la Chastre au sieur de Bonnaul, concernant les règlemens qu'il fera observer dans la ville d'Issoudun, commandant la dite ville, en date du 16 mai mil cinq cent quatre-vingt-cinq, cotée HHH.

Plus une lettre de sauvegarde pour la maison et biens du sieur Debonnault, donnée en date du treize juillet mil cinq cent quatre-vingt-six, cotée de la lettre triple JJJ.

Plus une procuration d'André Dascy..., de la compagnie de M. de la Chastre à Guillaume de Bonnaul, enseigne de la dite compagnie, en date du vingt-cinq mars mil six cent soixante-dix-sept, cotée MMM.

Plus un acte en une feuille de parchemin de la réception, a foi et hommage de Pierre Bonnault, pour le fief de la Forêt, du trois décembre mil six cent soixante-sept, cotée au dos de la lettre NNN.

Ensuite avons fait fermer la porte du dit cabinet par le dit Jourdin, serrurier, avec un cadenas dont la clef a été sur la réquisition des dites parties remise es mains de notre greffier.

Qui sont tous les titres et papiers reconnus être titres de famille, déposés chez le dit sieur Jacques-Robert de Bonnau, comme seul représentant de la branche aisnée, et qui, au moyen de son absence hors du royaume doivent passer dans les mains de l'aisné de la branche cadette de la dite famille, pour en aider au besoin les membres d'icelle, à l'effet de quoy, ce requérant les dits messires Charles-Antoine et François-Antoine de Bonnault, seuls rejetons de la dite

branche cadette, et du consentement du dit procureur
du roi, avons remis à l'instant tous les susdits titres et
papiers dénommés, cotés et paraphés par notre greffier, entre les mains du dit messire Charles-Antoine
de Bonnault de Méri, en qualité d'aisné de la susdite
branche cadette, à défaut d'autres rejetons de la
branche aisnée, à la charge pour luy, ainsi qu'il s'y est
soumis d'aider de tout ou partie des dits titres ceux de
la famille de Bonnault qui pourraient en avoir besoin,
même de les rendre et restituer au dit sieur Jacques-
Robert de Bonnault de la Forêt, en cas de retour de
sa part, et se faisant ainsi ordonner. Fait et assisté au
dit château de la Forêt, les dits jours et an que dessus,
en présence des sus-nommés et de François-André et
de Silvain Reteau, voisins appelés, qui ont déclaré ne
savoir signer, de ce enquis et ont tous les autres signé
avec nous dont acte ainsi signé en la minute de la présente: de Bonnault, de Bonnault de Méri, Richard Berthon, Jourdin Laisné, Richman de Thery, Delavarenne
et Dobin, greffier soussigné. En marge est écrit, taxé
par nous, remis douze livres Delavarenne, gratis Richman de Théry; et est aussi écrit, contrôlé à Vierzon,
le vingt janvier mil sept cent quatre-vingt-cinq, reçu
neuf livres, Baraton, et finalement est écrit, enregistré
à Vierzon le vingt janvier mil sept cent quatre-vingt-
cinq, reçu pour contrôle des vacations et conclusions
cy-dessus, quatre livres quatre sols, fait réserve des
huit sols pour livre sur les droits du greffier. •

Signé: BARATON, collationné.

ROBIN.

Enregistré à Vierzon le vingt-deux janvier 1785. reçu cinq livres, huit sols, huit deniers.

ROBIN.

Pour M. BARATON, absent.

Descendants :

1° François-Antoine, seigneur des Brosses, mort sans postérité.

2° François-Joseph qui suit.

3° Jacques Stanislas, seigneur de Sauldre, qui émigra, servit dans l'armée des princes, fut chevalier de Saint-Louis, et mourut en 1815 sans postérité.

4° Jean-Henri qui suit.

5° Anne, religieuse à la Visitation.

6° Catherine, morte sans être mariée.

Douzième degré. — FRANÇOIS-JOSEPH vicomte DE BONNAULT D'HOUET, chevalier de Saint-Louis, capitaine de dragons au régiment de mestre camp, comme le prouve son brévet de l'année 1779, que j'ai entre les mains, épousa par contrat de mariage du 25 janvier 1781, mademoiselle de Biet. Voici l'analyse de cet acte :

Contrat de mariage entre messire François-Joseph de Bonnault, chevalier, capitaine de dragons au régiment mestre de camp, fils majeur de messire François-Antoine de Bonnault, chevalier, seigneur de Villemenard, Houët, les Bergeries et autres lieux, vicomte de Saint-Germain du Puy, et de noble dame Anne-Catherine Turpin, avec Marie-Françoise de Biet, fille ma-

jeure de feu très noble seigneur messire Clément de
Biet, chevalier, seigneur de Moulins sur Yevre, du
Colombier et autres lieux, ancien capitaine de dragons et chevalier de Saint-Louis, et de Marie-Françoise de Doullé.

Côté du mari :

François-Antoine, Stanislas-Jacques, Jean-Henry
de Bonnault, sous-lieutenans au régiment mestre de
camp, frères. — Anne de Bonnault, sœur. — Messire
Charles-Antoine de Bonnault, chevalier, seigneur de
Mery et Prunay, oncle paternel. — Jacques-Charles-
Antoine-Robert de Bonnault de Méry, cousin germain.
— Madeleine - Catherine Soumart, veuve de Réné
Gassot, chevalier, seigneur de Ferolle, cousine du 2
au 3 à cause de son mari. — Demoiselles Anne-Catherine, Marie-Catherine veuve de messire de François,
capitaine au régiment d'Aquin ; Madeleine-Catherine
et François-Clément Gassot de Ferolle, tous cousins
et cousines. — Marie-Marguerite de Brisacier, veuve
de François-Louis-Gaston marquis de Menou, parent
du futur du 3 au 4. — Charlotte-Marguerite de Menou,
veuve de Claude-Marie Dodart, chevalier, seigneur
du Noizet, ancien capitaine de carabiniers, chevalier
de Saint-Louis, parens du 3 au 4 à cause du marquis
de Menou. — Anne-Cécile de Menou épouse d'Honoré-
Joseph Elion comte de Villeneuve, chevalier, lieutenant colonel de cavalerie, chevalier de Saint-Louis,
sœur de la dame Dodart. — Anne-Roze Moreau de
Chassy, veuve d'Etienne-François Gassot, chevalier,
seigneur de Deffend, parens du côté paternel ainsi que

du côté maternel. —.Cesar marquis de Bonneval, de la Fuzelière, son époux. — Guillaume Grangier, docteur en théologie, prieur de Saint-Ursin. — Jean-François de Salnt-Maur, curé de la paroisse de Notre-Dame du Fourchaud, à Bourges. — Robinet des Grangiers, conseiller au siége présidial de Bourges, ami du futur.

Côté de la femme :

Jeanne de Biet, sa sœur. — François-Jean-Baptiste de Doullé, chevalier, vicomte de la Forest, Thaumiers, seigneur de Coigny et autres lieux, et dame Thérèse Maréchal son épouse, oncle maternel. — Etienne-Claude de Montsaulnin, chevalier, baron de Fontenay, seigneur de Nerondes, Ignol et Tendron, et Françoise-Madeleine de Vilaine son épouse, cousin ayant le germain sur la future. — Clément-Louis-Philippe de Biet, chevalier, seigneur de la Tremblay, capitaine au régiment de Languedoc, et demoiselle Agnès-Françoise de Biet, cousins germains de la future à cause de Philippe de Biet leur père. — Jeanne Vaillant de Guelisse veuve de Charles-François de Boisgisson, chevalier, seigneur de Boisgisson, cousin issu de germain. — Claude-Joachin de Vilard, prêtre, chanoine et archidiacre de l'église de Bourges, ami.—Jacques-François de Durbois, chevalier, ancien capitaine de cavalerie, et dame Foucault, son épouse, cousin. — Pierre-Charles marquis de Bigny, cousin issu de germain de la future du côté maternel, dame Aimée de Boucher de Bigny, son épouse.—Madeleine de Chassiffy épouse d'Armand-Réné de Culon, chevalier, seigneur de Saint-Just, cousine issue de germain par son mari.

Contrat passé en l'hôtel de Biet à Bourges, par devant Souplet et Déséglise, notaires en cette ville, le 25 janvier 1781.

Je possède le contrat d'un des ancêtres de mademoiselle de Biet, voici le résumé de cette pièce qui est du 15 mars 1664.

Contrat de mariage de Claude Biet, conseiller du roi, lieutenant général au bailliage de Berry, demeurant rue du Coq, paroisse Saint-Germain-l'Auxerrois. fils de messire Claude Biet, chevalier, seigneur de Maubranche et de la Tremblay, conseiller du roi et lieutenant général au bailliage de Berry, et de defunte Catherine Hobier, son épouse, avec mademoiselle Marie-Françoise Millon, fille de messire Alexandre Millon, seigneur de la Borde, président des trésoriers de France à Bourges, et de Françoise Palut, son épouse.

Côté du mari :

Messire François Hobier, conseiller du roi en son conseil, et cy devant au parlement, oncle maternel. — Messire Hierosme de Saintonge, seigneur de la Broue, conseiller du roi, trésorier de France en Champagne, à cause de sa femme Marie Hobier, tante. — Claude Gueslon, trésorier de France à Caen, à cause d'Elisabeth Hobier sa femme, tante. — Messire Claude Biet, abbé de Villiers, chanoine de la cathédrale de Paris, cousin paternel. — Jean Doullé seigneur de Moulins, du Pont et du Colombier, cousin paternel ayant le germain du futur époux. — Messire Galyet Gallart, chevalier, seigneur de Poinville, maître des

9

requêtes, cousin germain, à cause de Marie Maquart
son épouse. — Hierosme de Saintonge seigneur de la
Broue. — Jean de Saintonge, escuyer, seigneur de
Richemond. — François de Saintonge, escuyer, cousins germains. — Dame Claude Chauvelin, veuve de
monsieur Mauguin baron des Granges, trésorier de
l'écurie du roi, cousin. — François de Gontran, seigneur de Villebongeon, gentilhomme servant de sa
Majesté, cousin.

Côté de la femme :

Aune Palut, veuve de messire Thomas Bonneau.
vivant seigneur de Valmer, conseiller du roi et secrétaire de sa Majesté, grande tante. — Dame Perrine
Gaultier, veuve de défunt monsieur de Radzilly, vice
amiral dans les armées navales de sa Majesté et premier chef d'escadre, grande tante. — Etienne Bonneau, président à mortier au parlement de Mons, et
Marie des Halues, sa femme. — Messire Thomas
Bonneau, conseiller du roi au parlement de Paris. —
Victor Bonneau, conseiller du roi en ses conseils, intendant de ..... — Claude Bonneau, veuve de Louis
Chauvelin, maitre des requêtes de l'hôtel du roi. —
Claude Bonneau, conseiller au chatelet de Paris, tous
cousins issus de germain de la future épouse.

Au bas le contrat est en outre signé par haute et
puissante dame Jeanne-Marie de Saint-Gelais de Lu-
signan, veuve de haut et puissant seigneur messire
Jean de Frades de Saint-Aoust, chevalier, seigneur du
dit lieu, comte de château Meillan, conseiller du roi en
ses conseils, maréchal de ses camps et armées ; et par

haut et puissant seigneur Armand de Frades, chevalier, seigneur du dit lieu, comte de château Meillan, lieutenant général pour sa Majesté au gouvernement de Berry ; ainsi que par noble homme maitre François Puisson, avocat au parlement.

Le présent contrat fut passé le 15 mars 1664, devant Decaron et Gallois, notaires au chatelet.

Voici également l'acte de baptême de mademoiselle de Biet :

Extrait des registres de la paroisse de Saint-Pierre le Puellier, de la ville de Bourges, pour l'année mil sept cent cinquante-trois.

L'an cy dessus, le vingt-neuf novembre, a éte baptisée par moi, curé, soussigné, Marie-Françoise, née de la veille, du légitime mariage de noble seigneur messire Clement de Biet, chevalier, seigneur de Moulins sur Yevre, du Moulin du Port, du Colombier et autres lieux, ses terres et seigneuries, capitaine de dragons au régiment de monseigneur le Dauphin, et de très noble dame Marie-Françoise Doulet. A été parrein, messire Philippe de Verneuil, sieur des Boislerri et la Brosse, directeur des aides au Mans, représenté par Jean Técein, laquais de la maison, et la marreine très noble dame, madame Marie-Françoise d'Erigaulx d'Egrefeuille, veuve de noble seigneur messire François de Biet, chevalier, seigneur de la Tremblaie, représentée par Catherine Lagarenne. Nous ont les procurations été représentées, et les porteurs déclaré ne scavoir signer, de ce requis et interpellés, et avons signé avec le père du dit enfant. —

De Biet, capitaine de dragons, et de Barathon, curé.

M. de Bonnault fut député de la noblesse aux Etats provinciaux. Après la révolution, l'empire le créa baron et maire de Bourges. La restauration le conserva à la tête de l'administration de cette ville, et le nomma président du Conseil général du Cher. Il mourut en 1817.

Descendants :

1° Joseph vicomte de Bonnault d'Houët, né le 6 mai 1782, comme le prouve son acte de baptême.

L'an mil sept cent quatre vingt deux, le 6 du mois de mai, à trois heures du soir, est né Antoine-Joseph, fils légitime de messire François-Joseph de Bonnault, chevalier, seigneur d'Houët et autres lieux, capitaine au régiment de dragons, mestre camps, et de madame Marie-Françoise de Biet.

Les témoins ont été messire François-Antoine de Bonnault, chevalier, seigneur de Villemenard, les Bergeries et autres lieux, vicomte de Saint-Germain, son grand père, et haute et puissante dame, Marie-Françoise de Doullé, veuve de haut et puissant seigneur messire Clement de Biet, chevalier, seigneur de Moulins et autres lieux, capitaine au régiment de dragons.

Signé : Doullé de Biet, — Anne de Bonnault, — De Bonnault d'Houët, — Jeanne de Biet, — et de Saint-Maur, chanoine.

Joseph de Bonnault épousa, le 21 août 1804, Madeleine de Bengy. Voici le résumé du contrat de mariage.

Contrat de mariage entre Antoine-Joseph de Bonnault, fils de François-Joseph de Bonnault d'Houët, ancien capitaine de dragons au cidevant régiment mestre de camp, et de dame Marie Françoise de Biet, demeurant à Bourges, avec Marie-Madeleine-Victoire de Bengy, fille de Silvain de Bengy, cy-devant capitaine, commandant des chasseurs du cy-devant régiment de vieille marine et de Marie de Cougny de la Presle, demeurant au château de Pouplain, commune de Saint-Caprais.

Côté du mari :

Anne-Catherine Turpin, veuve de François-Antoine de Bonnault, ayeule. — Maurice de Bonnault et Anne-Bathilde et Adèle de Bonnault, frère et sœurs. — François-Antoine de Bonnault. — Jacques-Stanislas de Bonnault de Saudre. — Jean-Henry de Bonnault de Villemenard, dame Anne-Louise Dodart, son épouse. — Anne-Catherine de Bonnault. — Anne de Bonnault, oncles et tantes du côté paternel. — Jeanne de Biet, épouse de Charles de Villeneuve, tante maternelle. — Antoine-Charles de Bonnault. — Camille-Denis de Bonnault. — Mademoiselle Seraphise de Bonnault, ses cousins et cousines germaines. — Clément-Louis-Philippe de Biet, cousin maternel ayant le germain sur le futur. — Françoise-Madeleine de Villaine, veuve de Claude-Etienne de Montsaulnin de Fontenay, à cause de son mari ayant le germain sur la mère du futur. — Philippe-Armand de Bonneval, époux d'Henriette de Doullé ayant le germain sur le futur.

Côté de la femme:

Angelle de Bengy, sœur. — Etienne de Bengy, prêtre, cy-devant vicaire général et doyen de l'église

de Bourges. — Anne-Victoire de la Chatre, veuve de
Nicolas de Cougny, grand'mère maternelle. — Philippe-Jacques de Bengy, ex-constituant, oncle, et Anne
Soumard de Villeneuve, son épouse. — Claude-Joseph
Benoit et Philippe-Jacques de Bengy, frères. —
Claude de Bengy cy-devant lieutenant-général, oncle
paternel. — Austragesile de Bengy de Puivallée, cousin-germain, Anne-Augustine Gassot de Deffend, son
épouse. — Catherine-Angèle de Bengy Puivallée,
cousine germaine paternelle. — François-Martin de
Marolles, cousin germain paternel à cause de la dame
de Bengy, son épouse. — Pierre de Bengy de Puivallée, cousin germain paternel. — Julie de la Chatre
veuve de Réné Soumard de Villeneuve. — Louis Edme
de la Chatre. — Jacques de la Chatre. — Agathe Pauline de la Chatre, épouse de Guillaume Boucheron de
Boissoudy, cousins et cousines du côté maternel ayant
le germain sur la future. — Philippe Soumard de
Villeneuve, cousin issu de germain maternel. —
Etienne-Henri, Philippe, Françoise-Madeleine Labbe
de Saint-Georges, cousins paternels.— Pierre-Etienne
Labbe du Bar, cousin paternel.

Contrat passé à Bourges devant Silvain Vergne,
notaire, le 1er Fructidor an XII (1804).

Le présent acte est signé de l'archevêque de Bourges,
qui venait d'être nommé bien peu de temps avant ;
suit un grand nombre de signatures de parens et
amis.

2° Maurice dont l'article suit :

3° Bathilde, fondatrice de la maison des orphelines

de Bourges, morte le 30 août 1834 sans avoir été mariée.

4° Adèle, née le 7 avril 1790, mariée le 18 mai 1823 à Louis Jouslin de Noray, procureur général à Bourges de 1826 à 1830. Décédée au mois d'avril 1879 sans laisser de postérité.

Branche de Villemenard.

Douzième degré. — JEAN-HENRI DE BONNAULT DE VILLEMENARD, officier au régiment de mestre camp de dragons, épousa en 1783 demoiselle Anne-Louise Dodart, voici le résumé de son contrat.

Contrat de mariage entre messire Jean-Henri de Bonnault de Villemenard, chevalier, officier au régiment de mestre camp de dragons, fils de messire François-Antoine de Bonnault, chevalier, seigneur de Villemenard, Houët, les Bergeries, vicomte de Saint-Germain du Puits, et de dame Anne-Catherine Turpin. Et demoiselle Anne-Louise-Marguerite Dodart, fille de feu messire Claude-Marie Dodart, chevalier, mestre de camp de cavalerie, chevalier de Saint-Louis seigneur de Saint-Andelaine, Boisregnault, les Noyers, et de dame Charlotte-Marguerite de Menou, dame de Champlirault, demeurant au château du Noizet, paroisse de Pouilly.

Côté du mari :

Anne, sœur. — Messire Jacques-Charles-Antoine-Robert de Bonnault de Mery, chevalier, seigneur de

Prunay, cousin germain paternel, et dame Marie-Suzanne-Claudine de Boisé de Courcenay, son·épouse.

Côté de la femme :

Marie-Marguerite de Brisacier, veuve de messire François-Gaston, marquis de Menou, chevalier, ayeule maternelle. — Demoiselles Marie-Marguerite, Charlotte-Séraphine et Anne Cécile Dodart, sœurs. — Messire Honoré-Joseph-Élion de Villeneuve-Tourette, chevalier, mestre de camp de cavalerie, chevalier de Saint-Louis et Anne-Cécile de Menou, son épouse. — Anne-Séraphine Dodart, veuve de messire Pierre Valette Dureclaux, écuyer, médecin ordinaire du roi, tante paternelle.

Contrat passé au château du Noizet par devant Guillerault Devilleroc, notaire, le 28 avril 1783.

Descendans.

Antoine-Charles, né à Bourges en 1784.

Camille-Denis, né en 1786.

Séraphise, morte sans être mariée.

Prosper, né en 1794.

Branche aînée des Bonnault-d'Houët.

Treizième degré. — JOSEPH VICOMTE DE BONNAULT-D'HOUET, épousa le 21 août 1804, Marie-Madeleine de Bengy, fille de Silvain de Bengy, chevalier de Saint-Louis et de Marie de Cougny de Presles. Joseph de Bonnault mourut le 1ᵉʳ juillet 1805, sa veuve fonda ensuite la communauté des fidèles compagnes de Jésus, elle mourut à Paris le 5 avril 1858 ; sa vie a été publiée par M. l'abbé Martin. Le souverain pontife a ordonné une enquête pour savoir s'il y avait lieu de la béatifier ; l'instruction de cette affaire est entre les mains de l'archevêque de Paris.

Descendant :

Quatorzième degré. — MARIE-SILVAIN-ANTOINE-EUGÈNE, VICOMTE DE BONNAULT-D'HOUET, né le 23 septembre 1805, épousa à Montdidier, le 19 janvier 1835, Louise Bosquillon d'Aubercourt, fille de Joseph Bosquillon d'Aubercourt et de Pauline Maillard.

Descendans :

Léon-Marie-Antoine-Joseph.

Joseph-Marie, né le 6 février 1837, décédé le 11 février 1855.

Marie-Louis Xavier.

Quinzième degré. — LÉON-MARIE-ANTOINE-JOSEPH, VICOMTE DE BONNAULT-D'HOUET, né à Montdidier le 26 octobre 1835, marié le 17 octobre 1865, à Claudine d'Offoy, fille d'Amé Griffon d'Offoy et d'Euphemie du Plouy.

Descendans :

Euphemie, née le 26 août 1866.

Louise, née le 23 mai 1868, décédée le 4 janvier 1880.

Pauline, née le 30 juin 1872, décédée le 30 mai 1873.

Paul, né le 14 juillet 1878.

Quinzième degré. — MARIE-LOUIS XAVIER, BARON DE BONNAULT-D'HOUET, né le 24 novembre 1847, marié le 27 novembre 1878, à Henriette Esmangard de

Bournonville, fille de Charles Esmangart de Bournonville et d'Elisabeth de Cayrol.

Descendant :

Marie-Joseph-François, né le 1er janvier 1881.

Branche cadette des Bonnault-d'Houët
Désignée sous le nom DE BONNAULT DE BAR

Treizième degré. — MAURICE, BARON DE BONNAULT,
chevalier de la légion d'honneur, officier dans les grenadiers à cheval de la garde royale, décédé au château
de Bar le 7 février 1832, épousa le 27 septembre 1818,
Catherine Luce Boitière de Saint-Georges, fille de
Louis-Charles et de Françoise Magnard de Drulon.

Descendans :

1° Louis, dont l'article suit.

2° Gustave, dont l'article suit.

3° Arthur, né à Bar le 4 février 1826, sous-inspec-
teur des forêts, marié le 15 janvier 1861 à Marie de
Louan de Courcays, fille d'Henri, ancien officier de la
garde royale et de mademoiselle de Magnac, il devint
veuf sans enfant, en 1873.

4° Gabriel, dont l'article suit.

5° Delphine, née à Bar le 20 septembre 1831 ;

Deux enfans morts en bas âge.

Léopold, mort au collège de Pontlevoy le 11 mai
1832 et Caliste, décédée à Bar, le 1er juin 1840.

Quatorzième degré. — LOUIS, BARON DE BONNAULT,
né à Saint-Amand, le 17 juin 1822, marié à Poitiers le

16 juin 1852, à Nice le François des Courtis, fille du comte Henri et d'Augusta de Barentin de Monchal.

Descendans :

Berthe, née le 17 mars 1855, mariée en 1880, à Maurice, baron du Passage, fils du baron du Passage et de mademoiselle de Giles.

Maurice, né le 27 octobre 1857.

Edith, née à Bar, le 25 juin 1862.

Alice, née à Bar, le 27 septembre 1866.

Quatorzième degré. — GUSTAVE, BARON DE BONNAULT, né le 5 mars 1824, chevalier de la légion d'honneur, chef d'escadron d'artillerie, marié le 11 juin 1856 à Marie le Sergeant d'Hendecourt, fille du comte Cornil et de Constance de la Grange.

Jeanne, née à Douai le 15 septembre 1860.

Robert, né à Lafère, le 28 juin 1868.

Georges, né à Amiens le 2 décembre 1870.

Claire, née à Amiens le 8 octobre 1873.

Quatorzième degré. — GABRIEL DE BONNAULT, né le 12 août 1829, marié le 22 septembre 1862 à Constance de Bonnault, fille de Charles et d'Antoinette de Trimont.

Descendans :

Henri, né le 12 décembre 1863, décédé le 15 février 1878.

Guy, né le 8 octobre 1874.

Branche des Bonnault-Villemenard.

Treizième degré. — ANTOINE-CHARLES DE BONNAULT-VILLEMENARD, marié en mars 1805 à Pauline

Leroy de Buxières, fille du baron Claude et de Catherine de Billy ; devenu veuf il se fit Iazariste, et mourut à Constantinople en 1848.

Descendans :

1° Alfred, marié à Fanny Guillaume de Bassoncourt, mort sans postérité le 8 août 1843.

2° Marie, née en 1809, mariée en 1832 à Julien-Marie le Goazre, comte de Toulgoët, chevalier de la légion d'honneur, ancien gendarme de la maison du roi, d'où un fils, Emile né en 1833.

3° Charles qui suit.

Quatorzième degré. — CHARLES DE BONNAULT-VILLEMENARD, né en 1816, marié le 5 février 1841 à Antoinette de Trimont, fille de Joseph et de Louise-Constance Hunault de la Chevallerie.

Descendans :

Constance, née le 9 mars 1842, mariée à Gabriel de Bonnault.

Joseph, né le 29 juin 1843.

Marie, née le 5 mars 1845, mariée le 29 janvier 1867 à Gaston de Chaumereau Saint-André, colonel de cavalerie.

Camille, née en 1847.

Treizième degré. — CAMILLE DE BONNAULT-VILLEMENARD, marié en 1820 avec Delphine Grangier, fille de Guillaume et de Suzanne de Bagnat de Presle, décédé à Bourges le 4 mai 1870.

Descendant :

Quatorzième degré. — ANTOINE DE BONNAULT-VILLEMENARD, marié le 26 décembre 1852 à Philippine de Courvol, fille du comte Jean, officier supérieur chevalier de Saint-Louis et d'Adélaide Dupré de Saint-Maur.

Descendant :

Marie, née le 17 novembre 1853, mariée en novembre 1879 au marquis Félix de Chaumont-Quitry.

Treizième degré. — PROSPER DE BONNAULT-VILLE-MENARD, capitaine d'artillerie, marié en 1827 à Sophie de Boucher, fille de Michet-Louis-Désiré, page de Louis XVI, chevalier de Saint-Louis, ancien officier supérieur, et de mademoiselle Vannier, mort en 1864.

Descendant :

Quatorzième degré. — FRANÇOIS DE BONNAULT-VILLEMENARD, marié en 1860 à Marie de Buus d'Hollebeke, fille de Victor-Edouard et de mademoiselle Aronio de Fontenelle, décédé au château de Villegenon en mai 1872.

Descendant :

Denise, née en mai 1864.

Abbeville. — Imprimerie C. Paillart.

www.ingramcontent.com/pod-product-compliance
Lightning Source LLC
Chambersburg PA
CBHW070802290326
41931CB00011BA/2110